ヒロシマ・ナガサキ・ビキニをつなぐ
焼津流 平和の作り方 Ⅱ

ビキニ市民ネット焼津・かまぼこ屋根の会【編著】
加藤一夫・秋山博子【監修】

HIROSHIMA
NAGASAKI
BIKINI & YAIZU

社会評論社

ヒロシマ・ナガサキ・ビキニをつなぐ──焼津流 平和の作り方 II
【目次】

はしがき　5

第1章　「明日の神話」を焼津市に──誘致活動の総括 ──────── 9
　　　　基調報告「明日の神話」を誘致しよう　10
　　　　シンポジウム「いのち、いま伝えたいこと」　13

第2章　ヒロシマ・ナガサキ・ビキニをつなぐ ───────────── 17
　　　　ヒロシマとやいづをつなぐもの──戦争文化から平和文化へ
　　　　　　　　　　　　　　　　　　スティーブン・ロイド・リーパー　20
　　　　日本との縁について／平和の文明と愛の文明／戦争文化から平和文化
　　　　へ／核廃絶とNPT再検討会議／重要なヒロシマ・ナガサキ議定書

第3章　ゴジラ・ファンの集い・焼津　ゴジラ・サミット2008 ───── 29
　　　　最初の構想「ゴジラ・プラットフォーム」の設立について　30
　　　　基調報告　ビキニ事件とゴジラ　やいづから世界へ　35
　　　　シンポジウム「ゴジラの魅力を語る」　39
　　　　総括　43

第4章　反核平和運動の源流を求めて ───────────────── 45
　　　　戦後の民主化運動とビキニ事件　45
　　　　「村民の声」署名活動　1954年5月9日〜31日　47
　　　　山田富久さんインタビュー　49
　　　　大井川座談会の記録　51
　　　　焼津と杉並、そして今　丸浜江里子　54

第5章　第五福竜丸（レプリカ）保存運動 ──────────────── 59
　　　　第五福竜丸保存：過去と現在　59
　　　　呼びかけ　現代の「匠の技」で第五福竜丸を復元!!　61

特別章（1）焼津流平和の作り方：市民のビキニデー・プロジェクト ─── 65
　　　　　　　　　　　　　　　　　　　　　活動報告　清水良一
　　　　旧港解体とトロ箱ライブ／まちおこしとしての「焼津流平和の作り方」／
　　　　市民のビキニデー

特別章（2）現代的課題としての平和講座　伊藤 俊 ——— 73

序章／講座開催へ／第1回　NHKドキュメンタリー『廃船』上映／第2回『第五福竜丸』／第3回『ゴジラ・モスラ・キングギドラ　大怪獣総攻撃』／中止になった第4回。「広島平和記念式典に参加しよう」／第5回『生きものの記録』／最後に

特別章（3）港で見るモダンアート展 ——— 81

1954 Bikini Means いのちの黙示録　秋山博子　95

【2007年出展者】大塚抄子／無学点晴／小畑幸治／ホクレア号焼津寄港を喜ぶ会／moco／浦田周社・清水勲／SHIRO（シロ）／多々良栄里／SEELA（シーラ）／原崎宗典／鈴木そなた／秋山博子・伊藤康子／山口敬三／山口有一／原木雅史／繁田浩嗣／吉田勝次／村松久嗣／杉山安代

【2008年出展者】大川鉄男／moco（モコ）／杉山安代／大塚抄子／石田徹也／ムラマツヒサシ＆柴切重行／秋山博子／小畑幸治／無学点晴／SEELA（シーラ）／イケガヤカツヒコ

第6章　焼津平和賞を提唱する ——— 105

なぜ平和賞なのか？　105
焼津平和賞について　109
第1回：第五福竜丸展示館　第五福竜丸平和協会（東京）　111
第2回：幡多高校生ゼミナール（高知）　114
第3回：ビキニ水爆被災事件静岡県調査研究会（静岡）　114

第7章　被爆地マーシャル諸島の現在 ——— 115

「視えない核被害」を映しだす鏡
　　——ビキニ環礁の世界遺産登録によせて　竹峰誠一郎　117
反核運動　内田ボブ　120
マーシャルへの旅のはじまり　杉本智子　126
南の島で世界が広がった　池谷千穂　135

第8章　地域からの発想・地方からの発言 ——— 139

最大の常識「唯一の被爆国」観の打破　池原正雄　139
シンポジウム　147

市民活動日誌　153

あとがき　159

はしがき

　本書は、静岡県焼津市でささやかな平和運動と平和による町おこし活動を行っている市民団体（「ビキニ市民ネット焼津」、「かまぼこ屋根の会」など）の活動記録です。
　「ビキニ市民ネット焼津」は、動き出してから今年でちょうど10年目を迎えました。はじめは、2004年のビキニ事件（第五福竜丸事件）50年に向けて活動を始めたのですが、その内容は、政治活動ではなく、生活や文化の領域、環境や町おこしなどの課題に及んでいました。その成果は、2007年に『焼津流平和の作り方　ビキニ事件50年を超えて』（社会評論社）という活動記録に示されています。これは町の紹介と、第五福竜丸事件に関係した人々の聞き取り、様々なイベント紹介が主な内容でした。時期的には、2002年から2007年まで。これが最初の総括でした。
　本書は、それに次ぐもので、時期的にはその後2012年までをカバーしていますが、第五福竜丸事件をより外に拡大し、ヒロシマ、ナガサキ、マーシャル諸島の問題と地平を広げております。

　この間、状況に大きな変化がありました。町を取り巻く環境が変わりました。2008年11月にいわゆる平成の大合併の一環として隣接の大井川町が焼津市になりました。当初は、藤枝市も含めて30万人都市を構想していたのですが、直前に破談となり、約15万人の町になりました。
　政治も変わりました。2009年8月末の総選挙によって民主党政権が誕生しました。あれから3年、当初は、かなり期待していた人が多かったのですが、今は失望に変わっています。焼津市でも首長が、その前年の末に変わり、初めて非自民党系の市長が誕生しました。
　町の状況も変わりました。中心市街地の空洞化と過疎化が進み、重心は郊外地域に、これは全国で起こっている問題でもあります。
　焼津港も変わりました。2001年の新港完成に伴い、港の業務が移り、旧港は廃止され、有名な「かまぼこ屋根」を持つ港湾・市場施設も取り壊されて更地になってしまいました。
　こうした変化は、必ずしも市民の幸福に結びつくものではありませんでした。これも日本全国の状況と同じです。少子高齢化はさらに進み、地域コミュニティも少しずつ衰退して、無縁社会が顕著になり、自壊社会の様相が強

はしがき

くなっています。

　長引くデフレ不況で、日本の経済は下降線をたどっていますが、それは、水産業・水産加工業が中心であるこの町の産業に致命的な影響を及ぼしています。

　こうした状況のなかで2011年の3.11、東日本大震災が発生し、約２万人の死者・行方不明者を出す大惨事となりました。しかもその際、福島第一原発事故が発生、１年半を経た今なお約16万人が避難生活を続けていて、故郷に帰れず、先の見通しもたっていない状況です。

　浜岡原発の問題もあります。焼津市は、その原発の30キロ圏内にあります。原発は、危険な東海地震震源域のど真ん中にあり、もし問題が起こったらどうなるのか。そういう不安がますます深まっています。予想される東海大地震（最近は、南海トラフ巨大地震といわれ範囲が拡大しています）の際に、何をすべきか。地震対策、津波対策、そして原発対策を作り、自分たちや次世代の子どもたちのいのちをどう守るのか、皆真剣に考えています。

　この先行き不安の暗澹たる状況ですが、これをどのように希望に転化していくのか。これが私たちに突きつけられている課題ですが、可能性はまだ沢山あります。希望も見えてきています。今、首都圏を中心に人々の自発的な行動が盛り上がり始め、全国化の兆しを見せています。これが、これまでの政治を変えるかもしれません。

　私たちは、冷戦期に作られた平和観とは異なる、日常生活に依拠した地域掘り起こし型の平和運動を模索してきました。それには、「平和を手作りしていく」ことが大切で、そこから「焼津流平和の作り方」という発想が生まれ、問題によっては行政とも協力しながら運動を行っています。焼津平和賞の試みもその一つです。もう３回になります。まだ過去の平和観が強いとの批判もありますが、長く育てることで、すこしずつ変わっていくと思います。

　3.11以後の問題状況は、ふたたび「ビキニ事件」の問い直しを求めています。今年で５８年目を迎えるこの被曝事件は、誰もが知っているように、真相は「原子力の平和利用」の中で巧妙に隠され、そして「安全神話」のもとで原発列島となるに至りました。福島第一原発事故は、ビキニ事件の闇を開封する契機になっています。矮小化され点としての「第五福竜丸事件」から、面としての全国的かつ世界的な被曝の解明へと調べが進んでいます。再び見

直されているのです。ヒロシマ、ナガサキ、ビキニ水爆実験被災にもかかわらず、なぜこの国に54基もの原発が生まれたのか。今、検証が続けられています。

　原発事故がなければ、核と原子力の問題を真剣に考えることはなかったかもしれません。これまで通り核兵器にのみ焦点を当て、その廃絶を求める平和運動で終わっていたかもしれません。核戦争は、その恐れがあるとしても、現在の国際社会である日突然起こるという可能性はかなり低い。その意味で、自分の足場や生き方を問うことなく「反対」を表明すればよいのかもしれません。しかし、原子力により日常生活のエネルギーを供給する原発が、事故によってとんでもない惨事を引き起こし、これがこれからの世代に大きな影響を及ぼしてしまいます。

　とはいえ、同時に、原発による電力で日々の豊かな生活を支えてもいる。中小企業の多いこの町では、おそらく大阪市などと同様に、十分な電力なくして産業も生活も成り立たない、「原発なしの自然再生エネルギーで大丈夫なのか」という日常的な問いが私たちに突きつけられています。これに答えることもが、今後の課題になると思います。

　本書は、それを目指すための二度目の総括です。

2012年夏
加藤一夫

第1章　「明日の神話」を焼津市に　誘致活動の総括

　岡本太郎「明日の神話」(壁画)誘致しようという動きは、2006年からあり、市内の様々な団体と協力して啓蒙活動を行ってきた。その一部は、すでに報告してあるが(『焼津流　平和の作り方』社会評論社、2007年、第6章参照)、実は、なかなか進展しなかった。ここではその後の状況を報告する。2007年8月には財団との交渉も行なわれ、財団の理事長で「現代芸術研究所」所長の平野暁臣さんとメンバー6人が東京恵比寿で話し合いを行った。この時、行政のお墨付きがないと誘致はできなといわれた。しかし、肝心の焼津市は腰が重かった。金がないというのである。それでも、締め切りが近づく中で、急遽、岡本太郎「明日の神話」を誘致する会を立ち上げた。

発会式（2007年11月11日）

　メンバーの小畑幸治氏が次のような「趣意書」を朗読した。

　本日、岡本太郎の壁画「明日の神話」を焼津市に誘致する会を立ち上げます。
　この壁画を焼津市に誘致しようとする理由は、この壁画がもっているメッセージが焼津市のこれからの飛躍に重要な意味があると考えているからです。
　この壁画には、未来に向けての大きなメッセージが秘められています。ヒロシマ・ナガサキの被爆と第五福竜丸の被曝をテーマにしながらも、その悲惨さではなく、そこから先に飛躍するまなざしが描かれているからです。
　私たちは、この壁画を芸術作品として鑑賞するのが誘致の目的ではありません。そうではなく、この壁画で描かれている未来への挑戦という姿勢を、焼津市のこれからの活性化につなげていくと同時に、平和の願いを日本全国と世界に発信していきたいと考えております。
　それには、町の「文化力」を磨かねばなりません。焼津市はさかな文化の町として歴史と伝統をもっているとともに、郊外には農業も発展していて豊かな食文化に恵まれています。深層水開発も進みタラソテラピーもあります。そこからウエルネス（いきいきとした健康）文化を発展させることもできます。

また、焼津市は、53年前にビキニ事件を体験し、その悲劇をばねにして日本有数の水産都市として発展してきました。この事件からこの地域で日本全国と世界へと発展する平和運動も生まれました。この1回限りの貴重な歴史体験をネガティブではなくポジティブにかつ新しい視点でとらえなおし、未来へとつなげていけば、平和海洋都市焼津への展望は必ず拓けます。

　さらに焼津市は、小泉八雲の夏季滞在地として「海辺の文化感性都市」でもあり、これまで旧港で、アート展や若者たちのライブ活動（魚市バッシュなど）も展開されてきました。これらの力をひとつに結集していけばかなりのことができると思います。

　もとより私たちは、過去に多くの自治体で誘致したパブリックアートが市民の熱気がさめるとともにお荷物になり、移転や廃棄をよぎなくされていることもよく知っています。そうならないためには、市民の持続的な意思と、この運動を単発ではなく様々な町おこし運動と結びつけていく必要があります。

　なお、現在、東京都渋谷区（青山学院大学が主導）、広島市（市民による誘致NPOが中心）でもコミュニティの壁画について誘致活動が行われており、焼津市は、大幅に遅れての出発になりました。しかし、署名数の多さや声の大きさで誘致先が決まるわけではありません。重要なのは誘致の理づけとそれを支える市民の力です。私たちは港町焼津に説得力ある「物語を創る」能力と可能性があると考えております。

　皆様のご協力とご支援をお願いいたします。

2007年11月11日

　なお、この後、報告書の出版を記念し、静岡福祉大学静福祭で報告会・シンポジウムを行った。

基調報告　「明日の神話」を誘致しよう

加藤一夫（実行委員会代表）

「明日の神話」の意味

　「明日の神話」を焼津市にという課題が大詰めを迎えている。締め切りまじかになっているからだ。他の都市も絞られつつあり、おそらく東京に決まるのではという噂も流れている。なぜ東京なのか、せっかくの太郎のメッセージが伝えられずに終わってしまうのだろうか。

「明日の神話」とは、岡本太郎が1969年9月にメキシコシティーのホテルロビーの壁に書いた、高さ5.5メートル、長さ30メートルの巨大な壁画で、もともと、1968年のメキシコオリンピックにあわせて描いたものといわれている。テーマは「人類の成長と進歩」。

　しかし、この壁画は、ホテルの倒産や解体の後で行方不明になったという。太郎も、大阪万博の仕事に没頭していて探すことができなかった。同じ時期に製作していた大阪万博の「太陽の塔」と「明日の神話」は対をなしているといわれる。片方の大阪の方は、非常に明るい人類の進歩を象徴しているが、もう一つは「核と被爆」がテーマ。その中に第五福竜丸も描かれている。

　2003年9月にパートナーであった養女の岡本敏子さんがメキシコシティーの郊外の倉庫で発見した。愛媛県東温市に運ばれて修復した後、適当な場所に誘致寄贈すると表明。その理由付け、所在位置、管理体制、一般への公開などの条件が出された。この間、日本テレビで公開、ついで東京都現代美術館で公開した。私自身は4回ほどみている。「ビキニ市民ネット焼津」のメンバーと一緒に出かけてみたこともある。

なぜ焼津市なのか

　単純な意味で、この壁画に第五福竜丸が描かれているということだが、もっと深い意味がある。「第三の被爆地」として核兵器の廃絶と平和を求めてきた町の平和政策と合致しているからだ。焼津市も、「平和水産都市やいづ」を展望してきた。しかも、この地は、戦後の反核平和運動の「源流の地」でもあって、原水爆禁止運動のきっかけになった町でもある。新しい世代の市民運動を活性化させるためにも誘致は重要である。

　もう一つは、日本列島の真ん中にあるということ。長崎は端過ぎるし、広島も遠い。ちょうど日本列島の中間にある焼津がいいのでは、と考えている。

　もちろん、焼津市の現状も理解している。水産都市だが、水産業の衰退と漁業不振で、町の今後が危ぶまれている。自然に恵まれたこの志太地域で、新たな文化都市形成の原動力になればと考えている。

　東京の渋谷は、太郎のふるさとだが、同じようなモニュメントが沢山ある。若者の町だが、置く場所によっては、通過で目に入る広告と同じ次元にされ、この作品の意味をじっくり考えるということにならないのではと考えられる。

誘致運動の前提と目的

　町の「文化力」を高めるための啓蒙活動が大切である。この町には文化人

が沢山いる。しかし、ばらばらで、何かを一緒にやったことはない。この誘致を機に、皆で何かを実現したい。これには、小泉八雲の例がある。八雲は晩年、わずか夏だけ4回しか訪れていないのに、松江とならんで焼津はゆかりの地になっている。そうなったのは関係者たちが走りまわったからだと思う。今では、首都圏でも「八雲のもう一つの町」として定着している。

「明日の神話」もその一つにできるのではと考えている。一歩一歩近づければいいと。これを機に、町の楽しい「物語」を皆で創っていければいいな、と思っている。

各都市の誘致状況と市民活動

現在は、焼津市の他4都市。広島、長崎、吹田、それに後から出てきた東京都の渋谷。長崎は、市長は拒否したようで、降りると聞いている。名乗りをあげたのは皆大都市、まともに立ち向かってもかなわないような状況だが、壁画の理念・精神といえば、やはり核と関係ある広島と焼津ではなかろうか。

しかし、うわさでは、渋谷。太郎の故郷でもあり、渋谷は若者の町で活性が進んでい町だ。その意味で、すでに結論が出ているのでは、という感じを持っている。

今後の展開

誘致組織をということで、今日、小畑さんから報告があったが。まず市民運動、市民団体の活動、それに産業界、地域企業の協力も必要だ。行政は最後に登場すべきだと思う。

メールや手紙で、静岡市在住の方からいろいろな提案があった。静岡県・静岡市・焼津市が協力して、現在建設中・開港準備中の「富士山静岡空港」に、それに、静岡駅が改修されるので、北口地下コンコースはどうかという内容だった。調べてみたが、いずれも狭く、「明日の神話」を収蔵できる空間はないと思う。東京メトロ日本橋駅には太郎のモザイク・タイル壁画「創生」がある。この事例を参考にせよとの意見もあった。

現在準備中の『国文祭』（静岡県）に、今ある美術館から借りて、その期間だけどこかに（文化センターに入る？）置こうという意見もあった。冗談だが、そして返却の運搬費がありませんといって返さなければ、という意見もあった。

この後、「ビキニ市民ネット焼津」の記録集『焼津流平和のつくり方　ビキニ事件50年を超えて』（社会評論社）が刊行された記念として、同じ2007年11月11日、静岡福祉大学大学祭（静福祭）で、記念のシンポジウムが行われた。記録をとらなかったので内容を簡単に報告する。

シンポジウム「いのち、いま伝えたいこと」

　　シンポジスト：高須基仁さん（作家、出版プロデューサー）、ごとう和さん（漫画家）、見崎吉男さん（第五福竜丸元漁労長）
　　コーディネーター：加藤一夫（静岡福祉大学学長）

　高須基仁さんは、静岡県掛川市の出身。大学闘争で大暴れの後、出版界でも異色の存在として知られている。かなり形破りの人である。「第五福竜丸展示館」との出会いを通して第五福竜丸事件に関心をもち、それをテーマにした『洗骨』という作品を書いている。
　第五福竜丸事件の関心についての「まじめ」な話だった。
　ごとう和さんは、原発をテーマにした『6番めの虹』や、ヒロシマをテーマにした漫画『生きるんだ』などの作品があり、ヒロシマと焼津をむすぶ役割を果たされた、静岡市在住の漫画家でヒバクシャの素材を通して「いのち」の大切さを訴えた。
　第五福竜丸元漁労長の見崎吉男さんは、船中の体験を、漁師の魂という観点から、「漁士」にこだわる意味についてお話した。「海は平和でなければいけない」。見崎さんの持論である。

「明日の神話」決着する

　去る11月19日、NHKテレビは、岡本太郎「明日の神話」をめぐる各都市の誘致合戦を報道し、長崎市、広島市、東京都渋谷区、大阪府吹田市、焼津市の名前が挙がりました。しかし、焼津市と長崎市は市当局（行政）の協力が得られないとして候補からはずされたとのことです。
　また、その後の情報によれば、誘致のエントリー期限は11月末とのこと。正式の公募の発表がないまま締め切りだけがあるとはよく分かりませんが、もしそうだとすれば、11月中に焼津市長の承認入りエントリー書類を送らなければなりません。
　地方小都市の状況は大都市とは違い、首長の地位は流動的で、焼津市も合

第1章 「明日の神話」を焼津市に

併問題を抱えており、焼津市長の改選も来年になっています。また、昨今の財政難からみて、どこの地方都市も、こうしたプロジェクトにポンと金を出したり、土地を提供するということはあり得ません。市民運動の盛り上がりと企業の協力の中で、行政は最後に顔を出すのが普通です。まず行政が先というのは、大都市優先の論理であって地方都市の切捨てにならざるを得ません。この点については、8月に財団側と話し合いをした際に申し述べておきました。

「ビキニ市民ネット焼津」有志は、一昨年以来、この問題について、いろいろな場所で、誘致を訴え、この11月11日にやっと商工会議所女性会有志やその他の団体と準備委員会を立ち上げたばかりですが、事情がこうなった以上、見直しを迫られています。

方向としては、これまでのように運動を継続するか、ここで取りやめて新しい方向へ向かうかのどちらかです。この間の動きをみて、いろいろな事情や背景がありそうなので正確な情報を把握した上で態度と方針を決定したいと考えていますが、もし、取りやめることになれば、この間、ご協力・ご支援くださった方々にお詫びもうしあげねばなりません。

ただ、以前から主張している、2009年11月の国民文化祭期間にこの壁画を借りることについては、継続的に検討したいと考えております。

ところで、この壁画誘致が取りやめになった場合、焼津にはもう一つ大きなシンボルがあります。ゴジラです！ ゴジラは焼津産と勝手に考えています。東宝株式会社との著作権をめぐる交渉が必要ではありますが、これについては新しく「ゴジラ・プラットフォーム」という組織を立ち上げて、これから、ゴジラファン集会、世界ゴジラ学会の召集など、ゴジラによる町起こ

し活動を本格的にやっていきたいと考えています。

　タロウから**ゴジラへ！**　皆様よろしくお願いいたします。
2007年11月28日

第2章　ヒロシマ・ナガサキ・ビキニをつなぐ

　ビキニとヒロシマをつなぐ。これは私たちの長年の課題であった。焼津市はよく「第三の被爆地」などと呼ばれてきたが、状況や背景は、ヒロシマやナガサキとはかなり違っている。
　広島は、日本で最初に核攻撃を受け、今日まで20万人以上の死者を出しているが、たった1人の死者（当時）しか出ていないビキニ事件では、数から言えば、その重さは違うかもしれない。しかし、ビキニ事件（第五福竜丸事件）は、1人の死者の命の重さから平和運動が始まったとよく言われている。
　状況も違っている。広島は戦争末期の軍事戦略の枠組みのなかで投下された。そのことからアメリカでは、今も、原爆投下で戦争が早く終り、アメリカの若者の命を救ったという見方をし、アメリカ国民の多くもそう思っている。
　ビキニ事件は、戦後9年、冷戦の時代ではあったが、日本にとっては平和な時、いわゆる平時であった。平和な時に突然襲った災難という意識はあったが、当時の国民はまだ、この水爆実験がいかなるもので、その結果が何をもたらすか、ほとんど想像することさえできなかった。
　2008年8月、「ビキニ市民ネット焼津」は、ビキニ事件とヒロシマ・ナガサキをつなぐため、講演会と映画会を実施した。このイベントについて、若干の経緯と問題点について触れておきたい。
　ヒロシマとビキニの違いに言葉の違いがある。被爆は、直接の核攻撃による被災に対して使い、被曝は、核実験や原発事故での放射性物質や放射性降下物（フォールアウト、死の灰）が出す放射線による被災に対する言葉になっている。原爆も原発も同じという原理的な側面から見れば、すべて被爆で統一してもいいのかも知れない。最近では、ヒバクとかヒバクシャとして双方を含む言葉を使うことが多くなった。
　これまで、ヒロシマとビキニのヒバクシャが一同に会して話し合うことは、焼津ではなかった。2006年2月に、私たちは、ヒロシマの被爆者たちと焼津公民館で交流会をもった。仲介されたのはヒバク漫画で知られる静岡在住のごとう和さんで、ヒロシマのヒバクシャたちが第五福竜丸元漁労長の見崎吉男さんと交流したいと訪ねてきたのである。私たちのメンバーは交流会に

同席し、今後の交流の必要性が強調された。

広島とビキニ事件のかかわりについては、ビキニ事件を機に始まった平和運動の結果として、1955年の第1回原水爆禁止平和大会に焼津から水爆実験で亡くなった久保山愛吉さんの妻であるすずさんが代表として参加していた。しかし、運動の分裂後は、一部の人しか参加する者はいなくなっている。

長崎についても同様だった。はじめ接点はほとんどなかった。しかし、2004年に土山秀夫さんを講演者として呼びしてお話を聴いたり、またメンバーが、2回にわたり長崎の「核兵器廃絶・地球市民集会　ナガサキ」にも参加して交流を深めた。そこで、今回、長崎については映画「アンゼラスの鐘」を上映することにした。

まず、講演の前に、広島・長崎が提唱している反核平和構想など予備知識を頭に入れておこう。

● スティーブン・リーパー氏について

今回は、広島から2007年4月23日に広島平和文化センター（広島平和記念資料館の運営母体）理事長に就任したスティーブン・ロイド・リーパー氏を講演者として呼ぶことになった。リーパー氏はアメリカ人で1947年にイリノイ州で生まれている。

父親はYMCAの牧師で、その仕事の関係で、子ども時代を東京で育つ。父は、ビキニ事件が起こった年の洞爺丸沈没事故で死去。ウエストジョージア大学大学院（臨床心理学修士課程）を修了している。

1984年に英語教師として来日、その後翻訳・通訳業に従事、1998年には、反核市民団体グローバル・ピースメーカーズ・アソシェーションを結成。その後、2003年まで平和市長会議事務局のニューヨーク連絡員となる。2003年から2007年まで財団法人広島平和文化センター専門委員を務めた。2007年4月から同センターの理事長になっている。

● リーパー氏就任時の論争

リーパー氏は、広島平和文化センター理事長就任に際して、5月の末「原爆資料館展示見直し」について地元『中国新聞』のインタビュー記事が掲載された。そこで氏は、原爆投下を「日本の植民地支配から解放した」とする考えが根強いアジアの声に触れながら議論を深め、多民族が共感、納得できる施設にしたいと強調。これについて広島への原爆投下を容認しているのでは、という批判が起こった。これに関連して300近い声がウェブ上に殺到し

た。なかには、誹謗や中傷の類のものが多いが、被曝したのは日本人だという意見がかなりあり、ヒロシマを考える上で、こうした声がどういう意味を持つのか、考えざるをえなかった。被爆ナショナリズムと呼んだらいいのだろうか。排外的なナショナリズムが生まれないことを望みたい。

　リーパー氏は、もちろん「核兵器の利用を正当化するつもりはない」と述べている。

● 平和市長会議
　平和市長会議とは1982年6月にニューヨーク国連本部で開催された第2回国連軍縮特別総会において当時の荒木武広島市長が、国境を超えて世界の都市が連帯し、ともに核兵器廃絶を目指すことを提唱し、長崎市とともに世界各国の市長に賛同を求めた。

　平和市長会議は、この計画に賛同する世界各国の都市で構成された団体で、1990年3月に国連広報局NGOに、1991年5月に国連経済社会理事会より特殊協議資格のNGOに登録されている。2012年5月1日現在、世界153カ国・地域、5238都市の賛同を得ている。なお、焼津市は遅れて2008年に参加した。

● 2020年ビジョン
　平和市長会議が提唱している「核兵器廃絶のための緊急行動」。目標として4段階、全ての核兵器の実践配備の即時解除、「核兵器禁止条約」の締結に向けた具体的交渉の開始、2015年までの「核兵器禁止条約」の制定、2020年までの全ての核兵器の廃絶を掲げている。

● ヒロシマ・ナガサキ議定書
　2008年4月に発表されたもので、先の核廃絶4段階について各国政府が守るべきプロセスを定めたもので、NPT（核不拡散）条約を補完することを目的として、2010年のNPT再検討会議での採択を目指す。そのため、各国政府が核兵器廃絶に向けた具体的な取り組みがされるよう、加盟都市を通して議定書への賛同・署名を行うというもの。

　講演の後で、かつてのティーチイン方式で、円形となって相互に意見や感想を述べ合うという形をとった。
　以下はその講演部分の記録であるが、一部要約した所がある。

ヒロシマとやいづをつなぐもの──戦争文化から平和文化へ

スティーブン・ロイド・リーパー

　皆さんこんにちは。焼津へお招きありがとうございます。広島平和文化センター理事長のスティーブン・リーパーです。今日はソウルから朝5時にたって来ました。間に合うかなと心配しましたが無事着くことができました。
　壇上にアオギリの苗がありますが、ヒロシマの核被災について、私もアメリカで30から35の都市を回り、もう100回以上も講演をやっていますが、必ずアオギリの種を持っていき、蒔いてくださいと頼んでいます。「アオギリの会」という団体がいて提供し提供してくれるのです。中学、高校、大学や教会では、必ず「アオギリをください」言いますので、そこで種を蒔いています。今、アメリカ中で沢山増えています。

日本との縁について

　まず、日本との縁についてお話します。1948年に初めて日本に来ました。牧師の父はYMCAの建て直しのため東京にきたのです。それで1歳から7歳まで東京で過ごしました。ところが1954年はビキニ事件が起きた年ですが、9月に洞爺丸遭難事故で父は帰らぬ人になりました。そこで帰国して10年後、17歳の時に北海道でワークキャンプがあるというので日本に再びやってきました。そのキャンプの後で長野県の野尻湖でもキャンプがあり、そこである女性と出会い、その後、結婚しました。彼女は、名古屋で活動している宣教師の娘でした。

当時はベトナム戦争の時代ですが、私は、兵役を拒否する「平和主義者」を宣言し、軍に入らず病院（精神病院）で4年間働くことになりました。当時のアメリカにはそういう制度がありました。心理学者になりたかったからちょうどよかった。しかし、4年後、病院が合併して仕事も面白くなかったので退職金をもらい2年間名古屋にいましたが、長男が生まれたというので、アメリカに戻り会社務めをすることになりました。日本は面白い国だなと思い行きたかったのですが、子どものためお金が必要で、9年間、経営コンサルの仕事をしました。マツダがミシガン州に会社を作り、日本とアメリカの企業合併が盛んな時でトラブル対策として重宝だったのです。その会社がジョージア州アトランタで支店をつくるとことになったのですが。実はサンディエゴにも支店があり、そこに移ったのですが、その時日本で働かないかという友人の誘いがありました。YMCAが英語教師を必要ということで名古屋に来て2年間やり、そこで博士論文の準備をしました。そして経営コンサルタント会社と翻訳会社を立ち上げました。1986年のことです。

　7歳で父が死に、17歳で結婚相手を見つけ、27歳で長男が産まれ、37歳で日本で会社を興し、47歳は普通の生活でしたが、57歳で今につながる仕事につくことになりました。10年ごとに変化があったのです。67歳はどうなりますかね。

　焼津のことはよくわかりませんが、1954年の第五福竜丸事件のときに父が亡くなったという縁があります、お話した後で皆でデスカッションしましょう。

平和の文明と愛の文明

　これから本題に入ります。まず理事長をしている「広島平和文化センター」ですが、これには、二つのミッションがあります。一つは、8月6日の出来事を忘れないようにと世界に広めることです。もう一つは平和文化を広めることです。

　私は、よく中学校や高等学校に出かけて話すのですが、一番の質問は、「平和とは何ですか？」という質問です。この問いに私は「平和とは社会の健康である」と答えています。人間の健康とは身体の細胞のすみずみまで酸素や栄養が十分にいきわたっていることですね。関節や内臓が適切な正しい動きをしている。こういう状況では痛みはない。ダメージがまったくない。これと同じように社会もならなければいけない。全世界の人びとが幸せにならなければならない。暴力のない世界でなければならない。

そうすると皆は言います。「そんなことは不可能だ、そんなことは空想ですよ」と。でも私は可能だと思っています。非暴力で歴史を動かした事実があります。

日本は平和ですが、今世界を見ると、とても平和な状態ではない。世界で苦しんでいる人はいっぱいいます。毎日200円以下で、その半分は100円以下で生活している人がいます。毎日2万9000人の子どもが死んでいる。アメリカやヨーロッパや日本では、太っていて何とかやせようと努力している。でもアフリカなどでは餓えて死んでいく人がいっぱいいる。食べ物がないからだけではないんです。食べ物はあるんです。愛がない、関心がない、競争原理の経済システムがそうしているのです。そして暴力や戦争があるからです。

愛の文明が重要なのです。戦争文化を卒業して平和文化へ移ることです。この考えは、ヒロシマの被爆者で哲学の先生であった森瀧市郎という人が言ったのですが、人類に対する深い洞察力に溢れています。彼は、原爆や原子力がどういうものかを知っていました。

原爆は全てを否定する。だから核を否定するんだ、この文明を卒業しなければならないといいました。しかし、ほとんどの人は受け入れなかった。少数派だったのです。

戦争文化から平和文化へ

人間は戦争をする動物です。他の動物は破壊を避けようとする。ところが人間は違います。2人いれば殺しあって勝った人が、正義だと思っている。強いのが正義で、負けたのは弱いからだと。神様は強い者を支えている。いま競争原理が世界中に広まっています。負けたくない。自分は勝つ、そういう原理ですね。力の文明は自分のため、自分の部族や民族のため、そして自分の所属する国家のために戦う。戦争文化には敵が必要なんです。戦争文化は、殺した方がいい、殺し合いを認める考え方です。

これに対して平和文化は、殺すより死んだ方がいい、そういう文化です。非暴力の文化です。暴力を捨てなさいといったガンジーが有名ですが、キリストもブッダも言ってますし、ムハンマドも言ってるそうです。でも暴力はなくならない。

私は、父がYMCAの牧師であった関係からキリストの教えを小さい時から学びました。キリストは神の子で、「汝の敵を愛せよ」といいました。右を殴られたら左もとか、コートを奪われたらシャツも渡せとか。とにかく力のある人だったのです。多くの奇跡を起こし、水の上を歩いたとか、水をワ

インにかえたとか、死んだ人を生き返らせたとか……、父なる神、全能の神だったのです。それなのに拷問されて殺された。でも、それを誰も罰しなかった。

　平和は正義より大切です。これが平和の基本的な問題です。平和を求める人は、正義が大事とはいいません。正義が大事というと平和は絶対に達成できません。政府やその中にいる人は絶対ウソをつきます。自分は正義、向こうは悪、そう思っています。そうするとそれを信じる人が出てくる。ただ暴力に対しても神様が罰することをしなかった。

　だから非暴力の思想が大切なのです。ジョージア州アトランタは、私の出身地ですが、キング牧師が活躍した人権問題で重要な町です。彼は、非暴力という方法でアメリカの法律を変えました、白人の心を変えました。牧師は非暴力の哲学で運動を実践した人です。今、アメリカの大統領選挙が始まっていますが、おそらくオバマが当選するでしょう。そういう状況を作ったのは彼なのです。

　毎年1月15日はアメリカでは休日で、毎年、下町からキングセンターまで3万から4万人が歩きます。しかし、その1割も暴力を捨てていません。暴力を棄てられないのです。人間は学べないんですね。

　今平和文化として学ばなければならない問題は二つあります。一つは、暴力の問題。具体的には武器の問題です。武器は地球に溢れています。武器を捨て暴力を捨てなきゃ人間そのものが地球に住めなくなります。例えば、広島の会議で多くの犠牲者が集まりました。ベトナム戦争でアメリカ軍が撒いた枯葉剤、イランやイラクでもガンの大きな原因になっている劣化ウラン弾の問題、その放射線で大きな犠牲も出ています。アメリカ本土のネヴァダでも周辺の住民やアトミックソルジャーたちが名乗りを上げています。核兵器の問題です。

　原発も非常に危険です。日本には54基もあるんですよ。大きな脅威です。何かあったら日本には住めなくなります。

　二つ目の環境問題も深刻です。人間の存在そのものが危機なのです。海が死んでいる。熱帯雨林の伐採で酸素がだんだんが少なくなっている。温暖化も深刻です。化学製品の氾濫で人間の健康がひどくなっているんです。

　これらの問題は競争原理では解決できません。強いものが命令してもだめなのです。全世界が協力して初めてできるんです。悪の戦争をやめさせる時期が来ていますが、戦争文化から平和文化への移行は非常に難しい。残念ながら、すぐには平和にならない、長期的なものです。でも、短期的な課題と

してできるところからやっていく。それが核廃絶の問題です。

核廃絶とNPT再検討会議

　核廃絶は、ここ2、3年が山場です。NPTはすでに40年前にできたもので、核廃絶に向かう、核を拡散させない、平和利用の技術を提供する、というものですが、不拡散の方は論議されるのに、核兵器廃絶の方は進まない。核兵器のない世界を目指すといっていながら、核保有国が核を廃絶しないからです。インドは長い間、そう主張してきましたが、結局実現できず、脱退して、自ら核保有国になってしまいました。今ここでNPTが失敗すれば多くの国がそうなって核を持つようになるでしょう。持つと必ず使われます。

　アメリカは戦争を止めることはできません。核がアメリカを守っている、核があるから平和が維持できるんだと思っている人が多い。この抑止論はもう関係がないのです。左右の問題でもない。核はミサイルで飛んで来るわけではない。どこからでも運び込まれます。どこから来るかわからない。船やトラックで来るかも知れません。それを阻止することは不可能です。だから「報復戦争」もできません。抑止論はもう時代遅れになっている。そのことで、昨年来、元国務長官のキッシンジャーやシュルツという人たちもすでに「核のない世界」を訴えているのです。

　「ニューヨークマガジン」のシーモア記者は、戦争は軍需産業が支えているといってます。

　いまは軍も核兵器使用に反対です。ペンダゴンもそうです、ゲイツもそうです。CIAもそうです。戦争を必要としているのは軍需産業なのです。それをさせている政治家、例えばチェイニーのような人です。だから核を廃絶するために外圧が必要なのです。私は、そのことをヒロシマ企画展をアメリカ各地でやってわかりました。

　2005年のNPT再検討会議は、もう40年前から約束していながら廃絶の問題はまったくだめでした。この検討会議はアメリカの反対で最終報告もできませんでした。エジプトなど中東諸国はかんかんに怒りました。

　今多くの国際NGOが2010年をめざして活動しています。彼らはよく言います。もし、次の再検討会議がだめならNPTはなくなってしまうでしょうと。イスラエルが正式に核所有宣言したら中東を中心に40カ国が脱退して核を持とうとするでしょうと。イスラエルは、以前から持ってはいるのですが、正式に表明していません。

　アメリカの軍需産業を支えているのは、メディアです。テレビや新聞、多

高度成長期に入ると日本人は目先の幸福や利益を求めるようになり、ゴジラもその中に包摂され可愛い怪獣になっていく。ゴジラ映画は次々に作られ、全部で28作。その中でまともに観られない駄作もある。
　しかし、強いゴジラは何度も復活する。死と再生のくり返し、それがゴジラの魅力でもある。

ゴジラとやいづ

　では、なぜ焼津なのか。いうまでもなくこの町が第五福竜丸の母港だからである。ゴジラはビキニ事件の衝撃で目覚めたからである。市民はあまり知らないが、2001年のゴジラ映画は、小川港から上陸してくる、原点に戻った映画であり、その原点は第五福竜丸の母港焼津港なのである。ゴジラの上陸地は、全国各地に散らばっている。しかし、最初のメッセージから焼津上陸がもっとも説得力がある。ミレニアムシリーズの『ゴジラ』(1984年)は、近くの御前崎にある浜岡原発(映画では井原原発)を襲っている。原点に返っているのだ。
　56年前のビキニ事件を再検証する中で、改めて、その意味を確認しておきたい。

ゴジラ、世界へ

　1998年にハリウッドでもゴジラ映画が作られた。ローランド・エメーリッヒというドイツ出身の監督で、ゴジラがニューヨークに上陸することで、後の9.11を想起させる。あまりヒットせず、続編は作られなかったが、内容にも問題があった。核のメッセージがなく単なるSFアクション映画でしかなかった。
　ゴジラはアメリカでも人気があり、第1作はアメリカでリメイクされた。しかし、当然だが、反核のメッセージはない。その後、ゴジラ人気は、アメリカでも拡大しておりカンザス大学ではゴジラ学会があり、日本の戦後文化として研究対象になっている。そして、2004年にゴジラは、ハリウッドの映画殿堂入りを果たした
　ゴジラは隣国の韓国映画に影響をあたえている。例えば、『グムエル　漢江の怪物』(2006年)は反核のメッセージはないが、反米(反基地)を秘めた作品になっている。
　映画を離れたゴジラ・フィギュアは、世界の子どもたちの人気のひとつで、90年代から顕在化する「クールジャパン」の一翼を担っている。ゴジラが与

えた戦後文化のインパクトは無視できない。ゴジラはもうつくられないのだろうか？　否、ゴジラは必ず蘇生する！

　最後にゴジラのメッセージを伝えたい。
　2004年に「ビキニ市民ネット焼津」がゴジラ映画を上映した時に発表したものを膨らませたもの。
- ゴジラは、54年前のビキニ事件の衝撃によって誕生した世界的に有名な日本の怪獣（モンスター）である。
- ゴジラは、先の戦争で散った将兵や軍艦の亡霊を表現している。
- ゴジラは、大量破壊兵器（核兵器）が地球上にあるかぎり何度も蘇生する。人類が、この兵器を廃絶した時にゴジラも消滅する。
- ゴジラは、世界の貧しい人々の怨念を象徴している。これは富める場所（大都市）への破壊行為に示されている。
- ゴジラは、その新たな敵（怪獣）の出現で、破壊の悪玉から破壊を阻止する善玉へと変身し、その攻撃性と破壊性が失われていき、そして、一時は、お子さま向けの「可愛い怪獣」になるにいたった。嗚呼、残念！
- ゴジラのもつ破壊のエネルギーを創造のエネルギーに変えていこう！　ゴジラのエネルギーをプラスに転化しよう！
- 焼津港から「ディスカバリーパーク焼津」までの海岸沿いに巨大ゴジラとライバル怪獣（キングギドラ、ビオランテ、デストロイヤなど）などを並べ（ゴジラの道）、全国の子どもたちを集めよう。

- 焼津港（旧港）に巨大ゴジラの「第五福竜丸平和記念館」を建て、内部に第五福竜丸（レプリカ）と関係資料を展示しよう。

　これは、2008年時点での話し、2011年3月11日以降は、もう一つつけ加えなければならないだろう。

- ゴジラは、戦後の日本人の

放縦な生活への警告者として上陸する。

　ここでは報告は要旨のみにとどめた。報告全文は加藤一夫『やいづ平和学入門——ビキニ事件と第五福竜丸』（論創社、2012年）を参照のこと。

２．シンポジウム「ゴジラの魅力を語る」

　パネラー：小畑幸治、高橋浩之、圓山剛士
　コーディネータ：加藤一夫
　司会：秋山博子

コーディネータ（加藤）　これからシンポジウムを始めます。最初は、「やいづのゴジラ」のあだ名を持つ小畑幸治さんからお願いします。農民で平和と環境の立場から「ビキニ市民ネット焼津」に参加してユニークな活動を続けています。シンガーソングライターで、「ゴジラを焼津につくろうよ」という曲もつくっています。

小畑幸治　高草山のふもとで農業やってます。数少ない専業農家です。農業は落ち目で自立が難しくなってきていますし、後継者問題も深刻です。でも前向きで頑張っています。平和と環境を結び付ける活動を続けています。ゴジラ・ファンです。4年前のビキニ事件50年の時からゴジラを主役に何かできないかな、といろいろ考えました。等身大ゴジラを港に建てるとか、ゴジラ型平和記念館だとか。ともかくあのエネルギーをこの町を元気にするために活用したいんです。

コーディネータ　続いて、市内で染物屋をやっている高橋さん。熱烈なゴジラ・ファン、ゴジラ・オタクと聞いていますが。その立場からお願いします。

高橋浩之　焼津で染物屋をやっています。大漁旗とか魚河岸シャツとかの。今朝、消防訓練があり、そのまま防隊員の服でこちらにきました。ゴジラが好きです。小畑さんから出て来いといわれてきました。緊張してます。

　ゴジラの社会的な意味は分かりませんが、本当に単純なファンです。こどもの時から好きでした。今、49歳で、団塊世代ですが、ゴジラのシリーズでは、初期の昭和シリーズより、ミレニアムシリーズ以後が中心だったのですが、始めの頃のも観ました。ゴジラ全集DVD買ってしまいました。フィギュアも好きでだんだんたまって置き場が問題になってきました。ただ、子どもが小さいときにゴジラが海から顔を出す場面で子どもが泣き出し、その後、

海水浴にいけなくなり、女房にしかられてしまいました。(笑)
コーディネータ 実は、この集まりに浜松にお住まいの熱烈なゴジラ・ファンがいて膨大な怪獣・ゴジラのフィギュアを集めている方がいて参加することになっていたのですが、急に都合が悪くなって……。困っていたら圓山剛士さんが参加してくれました。東京大学経済学部3年生で、「ゴジラ王国」という面白いゴジラ・イベントサイトを運営している方です。突然パネラーになってもらいました。
圓山剛士 横浜から来ました。ゼロ世代です。ゴジラ・サイトを運営して、掲示板やチャットでみんなと楽しんでいます。ウエブでいろいろな人と批評したり、わいわいやっているので、イベントしても人が沢山集まるのですが。でも、もうゴジラを話せる世代の人はいなくなってます。地方ではどうなのか、こういう機会と思ってやってきました。集まりがあるとネットで知り参加しました。急にパネラーになって戸惑っています。
コーディネータ 要するに、ゴジラが好きな人たちばかりなんですね。せっかく集まったのだから、ゴジラの持つ独特の魅力について語ろうと思ったのですが……。そんなことは意味がないみたいですね。それでは、で会場からも感想・意見を伺い、これからは一体でやります。

会場 団塊の世代で、ミレニアムシリーズが好きです。昭和シリーズのぬいぐるみゴジラよりもはるかに迫力がある。『ゴジラ対メカゴジラ』がそうです。CG技術が生まれ、発達して臨場感がある。昭和の『ゴジラ』も好きですが……。フィギュアを集めているうちにぽだんだん増えて、女房に叱られています。「ゴジラの敵は女房」です(笑)。大きいゴジラ・フィギュアは、

足が巨大なので置き場がありません（笑）。ゴジラ資料館でもできて引き取ってくれればいいんですが……。

小畑　ぼくは、米を作っているアナログ人間です。市役所で第五福竜丸の話をするとやめてくれとか、ともかくネガティブな反応しかしない。広島や長崎では、被爆を観光の柱にしているのに。ゴジラもこの事件から生まれた怪獣ですからもっと積極的に活用しなければ、と思っています。ゴジラをつくりましょう！

会場　以前、知り合いの東宝映画スタッフから聞いた話ですが、合理化でゴジラ撮影用プールが解体されてもうできないといっていた。もし、作るとなるとまったく新しい体制が必要でしょう。生き残りのスタッフと話したこともあるのですが、超高層ビルが建ちすぎて、ゴジラの出る幕じゃないということでした。東宝も主要な商品なので版権・著作権問題では厳しいでしょう。

　そのため、もっと映画会を組織して地道にやっていくことが大切です。今はシネマコンプレックスが各地にできて自主上映ができるようになっている。そういう活動が大切。東宝にマグロを贈ることも必要かも知れませんね……（笑）

司会（秋山博子）　スタッフですがひとこと。今の発言は重要ですね。もうすぐ静岡空港がこの地域にできるのですが、静岡といえば、お茶、富士山、駿河湾、そしてゴジラ。すごくいいと思うんです。私たちも旧港にゴジラ型の平和資料館を作りたいと思っています。でも、やっぱり地道な活動が大切かも。ゴジラは死と再生を繰り返す、その意味も考えなければと思っています。

コーディネータ　撮影プールが解体された話は、ぼくもいろいろなところから聞いています。昨年、ここにいる小畑さんを含めて、成城の東宝撮影所に行き、テレビの子供用怪獣ドラマの撮影を見学しました。現場スタッフの話や雰囲気では、現場では、意欲も技術もあるように見えましたが……上層部は製作するつもりはないのかも知れませんが、時代状況によってかわるのでは、と感じています。

圓山　初代ゴジラが東京の品川に上陸するのですが、あるイベントで上半身だけの巨大な像を創りたいと東宝にお願いしたところ、著作権だけでなく子どもが登って怪我をした場合の責任が取れないとして東宝が拒否したという。その辺も考えなければならない。

コーディネータ　ぼくらは勝手にゴジラを楽しんでいて、現実性があるわけではないのですが、あれば楽しいなと思っているんです。ぼくなんか、JR

駅が改修されるとき「ゴジラ駅」にしたら面白いな、と思っていて「5時に逢いましょう」などのキャッチフレーズで遊ぼうよ（笑）、といってるんですが。実際には難しいですね。

会場　島田からきました。ネットで見ました。映画が上映されなかったのは残念です。島田では、フィルム・コミッションに力をいれて映画の撮影誘致に熱心になっている人がいます。こういう地道な活動が、みんながいう夢の実現につながるのだと思います。

会場　藤枝から来ました。大学でこうした集まりは面白いと思いました。東京の築地のところで育ったので、小さいときのゴジラを観て、勝鬨橋が襲われるシーンが今でも思い出します。死と再生を繰り返すゴジラの意味を考えています。団塊の世代なので、どうしてもゴジラを通しての昔話になってしまいます。不思議なんですが、ゴジラが自分の町をぶち壊すのが見て楽しいですよね（笑）上映会の話がありましたが、藤枝でももうすぐ映画館ができるし、ゴジラ映画の企画を考えてもいいですね。

高橋　ゴジラ大好きです（笑）。ただそれだけです。社会的なことは分かりませんが、ゴジラが焼津を元気付けるのであれば、小畑さんがいう等身大ゴジラはいいですね。なぜかぼくは、ゴジラで自分の町が壊されるのも好きなんですよ（笑）。また、焼津にやってきて欲しいと思います。

圓山　知り合いが東京で小さな映画館をやっていて、20人程度の映画館ですが、そこで2ヶ月の1回、やってます。この間は『ゴジラ対メカゴジラ』でした。山梨でも上映会がありました、東宝の富山プロジューサーが話してました。各地にシネコンもできているので、どんどん広げていけばいいと思う。

会場　大戸島から来ました（笑）、今、「死と再生」を繰り返すゴジラの話がありました。ある意味でゴジラは、世の中をリセットするという役割を果たしているのではと思います。日本の状況も最悪で、こんな世の中を一気にリセットして欲しいものです。

会場（女性）　焼津生まれです。30年以上も焼津をはなれて帰ってきて福祉の仕事についています。町並みはきれいになりましたが、何もなくなったという感じがしています。昔は活気がありました。焼津はだんだん元気がなくなっている。第五福竜丸とゴジラゴジラ映画は観たことはありませんが、なにか焼津に活を入れてくれれば大歓迎です。

会場　建物の外で「ゴジラ鮫」のフライを販売していた長谷川です。深海魚の漁師です。所ジョージさんのゴジラ鮫・深海魚でテレビに出ています。また、「行列のできる法律相談」にも出ていますので、焼津とゴジラを大いに

宣伝したいと思っています。

高橋 神奈川の久里浜に巨大ゴジラ滑り台がありますが、いつかと通ったときに見たのですが、うらやましいというより、悔しいと思いました。ただ、それをつくるのにも市民団体と行政が大変だったときいていますが。

圓山 ゴジラの上陸地は全国いろいろです。上陸地をまわって、そこのファンとおしゃべりするのも楽しいです。『ゴジラ対スペースゴジラ』は九州ですが、大分が誘致したのか、コースがおかしいですよね（笑）。

　実は、今日来るときに富士市の田子の浦（ヘドラ誕生の地）や焼津小川港（2001年上陸地）を回ってきました。そうやって上陸地をめぐるのも楽しいと思います。

コーディネータ この数日ネット、東宝とのやり取りの反響があって、メールにも沢山のレスポンスがありました。多くは、応援の声でしたが、中には、大学がなんでそんなくだらない怪獣の集まりなんかやるんだ、とか、ゴジラのどこがいいんだ！　など、もありました。東宝担当者のやり取りも問題になっていました。僕らは、何も東宝を相手にして何かしでかすつもりでありません。むしろゴジラ応援団として、ご協力をお願いしただけです。

3．総括

　シンポジウムは、予想以上に盛りあがり、特に会場からの発言が多かった。皆しゃべると止まらなくなり、ひとりひとりの発言も長かった。コーディネータもしゃべりすぎだったと反省している。時間も伸びてしまった。内容は、一貫性がなく、皆楽しく話していてまとめるのに苦労した。ここでの記録は、枚数の関係で、発言のほんの一部のみしか収録していない。団塊の世代が多く、なぜか懐かしい子ども時代とゴジラという話になった。会場では、清水県会議員（現在の焼津市長）や山田副市長からも発言があった。

　当日は、NHK、共同通信、中日新聞、静岡新聞、それに昔から焼津港の情報紙「焼津港報」からの取材が入り、沖縄から北海道までこのイベント情報は広がった。ネットで話題になり、多くの支援と注文が出されたが、疲れきって、第2回につなげることはできなかった。

第4章　反核平和運動の源流を求めて

戦後の民主化運動とビキニ事件

　「ビキニ市民ネット焼津」は、2006年6月に「核なき世界と平和運動の源流」として「原点確認プロジェクト」を提起した。これはビキニ事件の衝撃をうけて始まったといわれる反核署名運動（「村民の声」署名活動）の実態を明らかにすることであった。

　周知のように、ビキニ事件のあと第五福竜丸の被曝と無線長久保庭愛吉の死を契機に反核平和運動が、日本全国に、そして全世界に拡大した。運動は、署名活動という形をとった戦後最初の大衆運動でもあった。

　実は、署名活動は、これが初めてではない、1950年に朝鮮戦争の衝撃と核兵器使用の可能性があることのを恐れ、戦後誕生したばかりの労働組合組織や平和団体、それに自治体が、ストックホルムアピールに呼応して、全国、全世界で平和署名活動が行われた。「ストックホルムアピール」運動である。一説では、5億人を集めたという。しかし、これは民衆自らが行ったというよりも、国や組織が集めたものようである。その証拠に旧ソの人口の半分が署名したといわれているし、内戦直後の中国で2000万人とは考えられないことである。

　戦後の民主化運動は、日本の占領国アメリカが、GHQによって情報が統制され、主体的な活動することができなかった。しかし、1948−50年の朝鮮戦争が転機となり、各地で民衆運動が燃えあがった。有名なのが、1953年の米軍基地に反対する内灘闘争である。この闘争では、母親たちが主要な役割を果たし、この影響は予想以上に大きなものだった。その後、それは、砂川の米軍基地、山梨県北富士と静岡県東富士演習場への反対闘争、そこでの女性たちの運動は、60年代以後、三里塚の農民闘争やの反基地闘争へと継承されていく。

　反核運動も、すでに占領体制下でGHQの厳しい情報統制や報道禁止のなかで、行われていた。例えば、1949年に京都大学学生自治会が行った「原爆展示会」には多くの人が詰めかけたと言われている。

　1950年には日本共産党の非合法化され、いわゆる「レッドパージ」が実施

され、職場や大学から多くの関係者が追放された。

　1952年には「血のメーデー」事件も発生している。これは折からの再軍備に反対するもので、皇居広場で警官隊と衝突して多くの死傷者を出した。学生運動も全国規模で行われた。1949年から50年にかけて、日本を反共の砦にするために来日したイールズ博士をめぐって、新潟大学、東北大学、北海道大学などで反対闘争が展開された。全学連が生まれ、1950年のレッドパージに絡んで、いわゆる第1次早稲田大学事件が、1952年のメーデー事件に関連して第二次早稲田大学事件が起こり、学生運動は全国的規模となった。

　静岡県の問題として、1952年5月に起こった「村八分事件」（当時の富士郡上野村、現在の富士宮市）がその後の民主化運動に影響を与えた。この事件は、参議院補欠選挙に際し、地区の組長が戸ごとに訪問し、回覧板をまわして不在者や棄権者の入場券を回収し替え玉投票をした「村ぐるみ」の選挙違反であった。「自分の住んでいる村に恥をかかせた」と、この事件を告発した高校生石川さつきとその家族を排除した事件である。告発は、こうした出来事をもみ消そうとした教育界に向けられ、教師が自立的に動き出した事件でもあった。戦後の民主教育の出発点で起こった事件であるが、この時から教師が、社会問題に敏感に対応するようになった。これは、ビキニ事件以後の教師活動の重要な背景をなしている。

　ビキニ事件の際に、焼津市で教師たちが活躍したことはあまり知られていない。事件が起こった時、教育の現場で「核と平和」をどう教えるか問われることになった。大部分の教師はそっぽを向いたが、焼津中学には、この問題を正面からとり組んだ教師集団がいた。大場悦郎、塚本三男（故人）、大塚義人（故人）、飯塚利弘（故人）らであった。

　大場は国語教師として、この事実を見つめるために授業で作文を書かせ、入院中の乗組員たちへ慰問文を送った。塚本は、静岡大学の塩川教授に従い放射能測定と汚染物の処理に奔走、生徒が科学的な知識を身に着ける重要さを教えた。後に、彼は「ビキニ市民ネット焼津」の事務局長として奔走した。飯塚は、大塚とともに社会科担当として、生徒の日記指導にあたり地域の生活の様子を記録させた。飯塚は、アメリカの金による解決、いわゆる見舞金による地域の分断を詳細に分析している。

　しかし、これらの教師たちも、平和運動の分裂をまともに受けて別れていく。飯塚は、2011年8月に亡くなるまで、平和運動の主流であった「原水協」の地域理事長として信念を貫いている。

ここで取り挙げるのは、ビキニ事件を契機として始まった原水爆禁止署名活動である。大衆的な平和運動の事実上の最初である。とりわけ、1954年5月から東京杉並の母親たちの運動がその発火点となったとされる。実は、よく調べてみると、同時多発的な運動で、広島でも、同じ時期に行われている。少し前にも散発的に行われている。

　第五福竜丸の母港である焼津とその周辺でも同じような運動が起こっていた。東京の運動とほぼ同時であった。互いに連絡を取り合ったという証拠もなく、ビキニ事件の衝撃で同時多発的に発生したと思われる。

「村民の声」署名活動　1954年5月9日～31日

　1954年3月のビキニ事件で被災した第五福竜丸23人の乗組員のうち5名は焼津から南に10キロほど離れた大井川の河口にある志太郡吉永村（現在は、合併で焼津市となっている）の出身であった。この同級生たちが立ち上がったのである。その中心人物は、山田富久さん（島田市在住）であった。また、当時、吉永村青年会のリーダであった大庭悦郎さんも重要な役割を果たした。

　ここで署名活動までの経緯をクロニクルとして以下にまとめる（「ビキニ市民ネット焼津」の尾石昭夫さんによる取材。山田富久さんから提供された資料・聞き取りにより作成したもの（一部加筆））。

1949年（昭和24年）
　日本中が戦後復興をめざした民主化の高揚期であった。吉永村では青年会活動が盛んで各グループによる自主的な活動を促進するため「グループ連絡会」を設立、申し合わせ条文も作成した。

1949年4月5日
　吉永村青年会機関紙『月刊　よしなが』発刊、当時としては珍しい活版印刷で発行（その後、資金不足と原稿が集まらず廃刊）。

1954年
　3月1日　第五福竜丸水爆実験に遭遇。
　　14日　第五福竜丸、焼津へ帰港。
　　16日　『読売新聞』（朝刊）がスクープ「ビキニ原爆実験に遭遇、23名が原子病」と。放射線被曝による恐怖と原爆マグロ問題で日本中が騒然となる。
　　28日　乗組員21名（2名は15日に東大病院へ）が静浜基地から東京へ

移送、東大付属病院5名、国立東京第一病院16名
4月24日　蒔田稔氏、同級生の吉田勝男、鈴木隆の乗組員が被災したことを知り、支援を協議するため会合を持つ。参集者は5名、場所は小学校の裁縫室。さらに同級生に呼びかけることを申し合わせた。
　　25日　焼津市婦人会が西小学校で総会を開催、「原子力の実験・兵器としての使用を中止せよ。利用は人類の幸福のために限定すべき」と決議した。
　　　　　山田富久（旧姓伊藤）氏、署名活動を進めるに当たり、同級生としてどのような表現が適切か、また情報提供等を大場氏に依頼。
　　27日　大場氏より、便箋3枚の返事が届く。
5月1日　同級生有志数名が集まり（連絡は40名に）、山田氏が署名活動を提案。賛成を得て、山田氏が事務取扱担当となった。
　　6日　山田氏、署名活動への協力依頼に婦人会長の友田てつ氏の自宅を訪れ、原稿を提示、賛同を得たので署名簿の作成に入る。
　　9日　吉永村婦人会で会合。署名簿の趣が朗読された後、承認され、署名活動が始まる。
　　20日　『朝日新聞』地方版で「原爆反対運動始める　吉永村――福竜丸乗組員の同級生ら」と報道。その後、共産党の『アカハタ』にも掲載されたため村役場は婦人会長に事情説明を求めた。裏切られたという者、手先となって動いているのではないかと勘ぐる者、一時混乱状態となった。
　　　　　山田氏へ「お前の行動や来訪者を監視するよう警察にいわれている。動けば通報しなければならないので動かないように」との忠告も。
　　　　　こうした動きに続行は困難と判断、署名活動の至急終結を決断する。
　　31日　運動を終結させ、『村民の声』声明書に日付を書き込む。
6月6日　焼津高校講堂で平和集会が開催。参加者300人の中で、吉永村「村民の声」署名運動の活動報告を山田氏が行う。
　　7日　吉永村役場で受理され、終結に当たって必要だった諸事項を処理した。
8月1日　岩波書店発行の雑誌『世界』8月号に、「読者からの手紙」が掲載される。投書者は大庭悦男氏。
　　　　　「吉永村の『村民の声』署名運動は、推進力が被災者の同級生という友愛と人間としての自覚であるとしたら、その公表はなによりもまず、政治的なものにしたくない」と訴えている。

9月6日　山田氏、被災して入院中の乗組員の吉田勝男氏、鈴木隆氏に宛て、手紙と俳誌に投稿した「その後の被災者たち」の記事を同封。
　　　10日　吉田・鈴木氏の連名で、お礼の返事が送られてくる。「早く全快して海の男に戻りたい。岡崎外相の水爆事件への協力声明を聞いてやっきり（安心）した。こんなことを書いていると頭が変に……。海の男らしく生きることこそ私達の心情」と書いてあった。
9月23日　国立東京第一病院で久保山愛吉氏が死去
12月14日　吉田・鈴木氏から「めきめき快方に向かい、来る今月末、ようやく一時帰郷が許された」の葉書を受ける。

1955年（昭和30年）
5月15日　吉田勝男氏より「20日に元気で退院できるようになった」との朗報が届く。

「村民の声」当事者たちの声

　この運動について、2004年にすでに、私たちはこの運動の立役者の一人であった大場さんにインタビューしていて（『焼津流平和のつくり方』2008年参照）、この記録は、すでに発表している。
　5年後、私たちは、島田市在住の山田さんにインタビューした。以下はその一部である。

山田富久さんインタビュー
2009年6月25日、18:30〜　島田市「どさんこ」にて

　居酒屋で山田さんと飲みながら、ご自分の経歴や当時の村の様子や署名活動の動機や経緯、その後の問題などについて聞いた。
- ●当時の吉永村の生活について、5人の乗組員がいて被曝したのをどう感じましたか。

　当時は貧しい村ではあったが、戦後の地方は皆そうだった。吉永村ではだんなは海へ、妻は農業というのが大部分だった、焼津のほうに出稼ぎ乗組員の5人もそういう人たちだった。貧しいというより、かつおやまぐろは銭になったし、大海原で出たいという夢を持っていた若者も多かった。5人もそちらの方だったと思う。
　新聞で被曝を知ったのは、3月中旬。新聞を読んではいたが、同級生の名前を見落としていた。ぐずぐずしていたら匿名の手紙が届き、「君の同級生

が被曝したが、どうするか考えているのか」という内容だった。いろいろ迷った。当時の状況は、今とちがって監視も厳しく、大変だと思ったが、やろうと決心し妻に伝えた。

●署名開始までの経緯について。

大場さんに手紙を書いたり、実際にお会いして相談した。5月1日に有志が集まり、署名をしようと提案し賛同を得た。私が事務取り扱いとなり、準備を始めた。内容については、まず婦人会の友田てつさんに相談した。彼女は、豪快で男勝りというか姉御肌のお母さんで、何でも相談にのってくれ、頼りになる人だった。そこで一緒にやることになった。

焼津の衆はどうかという情報も必要だったので、いつも大場さんに相談した。当時は平和＝反米、「アカ」と見られる雰囲気があった。学校の先生たちのアドバイスは有益だった。

●5月9日に始まる書名の内容はどのように作成したのですか。

内容は三つの目的とした。1．村民の名で被災者とその家族を激励すること、2．各地から被災者やその家族に励ましの声があったが、それに連帯しようということ、3．原子力を兵器ではなく平和のために使おうということ、この点については、当時はまだどんなものかわからなかったが、新聞では平和利用のための研究について報道で大きく取り上げられていたので、私もそのようにした。

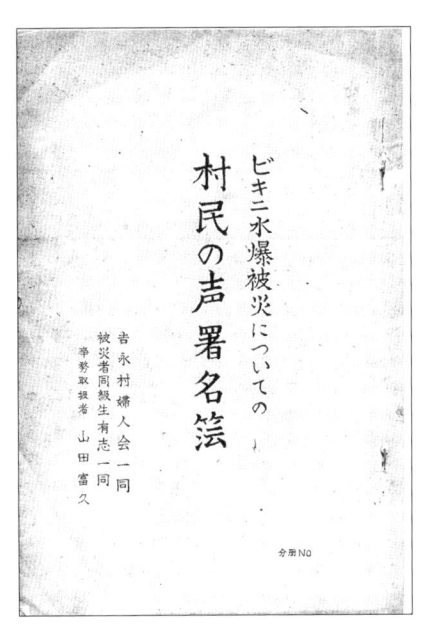

●5月31日で切り上げた理由は。

当時の状況から、そんなに長く続けられるとは考えていなかった。5月20日に『朝日新聞』が記事にしてくれた。それには何通か激励の葉書がきたが、共産党の機関紙『アカハタ』で取り上げられるとガラッと変わった。「アカに踊らされた」運動だという声も届いたし、警察がまわりをうろうろし始めた。私たちを監視する人も増えた。それも皆、知り合いなので弱った。そこで切り上げることにした。

●署名用紙を提出に際して、山田さんはいろいろ発表先を挙げていますよね。

事務取扱者として、6つのことを考えた。被災者とその家族に、村当局を通し県や日本政府に、国には各国政府にも訴えて欲しいと。新聞その他の報道機関に、ソ連には新日本文学会（山田さんは新日本文学会に入っていた）から、アメリカには、評論家の松岡洋子を通して、日本ペンクラブや世界ペンクラブへ、その他の機関、など。そこで6月5日に署名簿を整理して、吉永村役場と焼津市第五福竜丸事件対策本部に提出し、2日後に受理された。そこで6月7日に吉永村の人びとに、この旨の報告と、この署名簿を、ストックホルムで開かれる世界平和集会（藪崎準太郎焼津市議会副議長が日本代表の一人になっていた）で世界に伝えて欲しいとお願いした。その後、この署名簿がどうなったかは分からない。

- 実は、2004年にこの署名簿が、文化センター主催の展示会で公開されたとき、それを見ていた乗組員の吉田勝男さんが知らないというんですよね。

被災者に公開されたはずだが、その辺のことはよくわからない。

大井川座談会の記録

　2009年4月5日、私たちは、平和運動の原点を探ろうと、吉永村で始めた「村民の声」署名活動の全容を知るため、はじめは、大仕掛けな講演会・シンポジウムなどを計画した。以下はそのアピール。

「核なき世界」と平和運動の源流　原点確認プロジェクト

　2009年4月5日、アメリカのオバマ大統領は、チェコのプラハで「核のない世界」について演説し、原爆投下国としての「道義的責任」について言及しました。その波紋は全世界に及び、今、核兵器廃絶の動きは全世界に拡大しつつあります。

　しかし、同じ4月2日に、北朝鮮（朝鮮人民民主主義共和国）がミサイル（ロケット）の発射実験をおこない、5月には2度目の核実験をやるという暴挙もあり、世界の状況が好転しているわけではありません。

　焼津市とその周辺は、1954年3月の第五福竜丸被曝に際して、東京杉並と並んで、初めて反核署名運動を始めた地域として知られています。いわば、この地は、日本と世界の大衆的な平和運動の源流の位置にあります。

　このビキニ事件からもう55年。私たちは、当時、署名活動に立ち上がった人たち、賛同した人たち、あるいは反対した人たちの声を集めたいと思って

います。

　私たち「ビキニ市民ネット焼津」も設立から7年。そこで新たな状況に際して、平和運動の意味を改めて問い直してみたいと考えております。
　この運動に関係があった方々のご協力をお願いいたします。

「ビキニ市民ネット焼津」

　2008年に私たちは、「平和運動の源流をさぐる」プロジェクトに入った。しかし、高齢な関係者の病気などで、実現は難しいことが分かった、2009年6月の開催をめざしたが、実現したのは1年後の、2010年6月であった。

大井川座談会（報告要旨）

　　2010年6月9日、14～16時　　　会場：大井川公民館
　　出席者：山田富久さん、大場悦郎さん、見崎吉男さん、吉田勝男さん、
　　池田正穂さん、村本鉄夫さん（このうち、吉田さんと池田さんは第
　　五福竜丸乗組員）　コーディネータ：尾石昭夫

　この記録は、発言の一部である。出席者の大部分は、冒頭で自己紹介をしただけで、説明はもっぱら山田さんと大場さんが行った。本来は、実行者の山田さんの発言を中心にすべきだが、上記のインタビュー内容とダブルので、ここでは大場さんの発言のみを載せる。
　コーディネータ　ビキニ事件から55年が過ぎました。第五福竜丸の被曝事件は町の産業に大打撃を与え、乗組員には、何も罪もないのに、見崎吉男さんは、今も申し訳ないことをしましたと謝っている状況です。
　この事件が起こった時、いわゆる「原水爆禁止書署名活動」の先駆けとなる「村民の声」署名活動が行われました。今日、その関係者が集まっていますので、いろいろお話をしたいと思っています。この運動は、実は、杉並

より開始が少し早いんです。先頭を走った活動ですが、非常に厳しい状況で、人口約6000人で2000人集めた。わずか1ヶ月足らずにでした。相応厳しい監視の下でです。この辺のことを知りたいと思っています。大場さんは久保山すずさんをバックアップした人です。いろいろなところで彼女は挨拶しなければならない、その文章を見てあげた人でもあります。

大場 大井川は焼津市と合併しておりますが、大井川町の前は、いくつかの貧しい村からなっていました。吉永村もその一つで、戦争直後はこれといった産業もなく、人びとは浜に出て海水から塩をとる「塩取り」で、それを藤枝などに売ってほそぼそと生きていたのです。

この署名活動の大部分は山田さんが企画し行動した活動です。私は、これを見守っていただけです。

コーディネータ こうした状況で、署名活動が行われ、成功した。今のように簡単に街頭で集めるというわけにはいかなかったと思いますが、当時の行政はどう対応したのですか。

大場 署名が無事でき提出できたのは、当時の大石村長のおかげだと思います。彼は島田の学校の先生をしていたこともあり、かつて高松宮殿下に隋行としてヨーロッパ各国を視察し、帰国後『一万里の旅』という本を書き、講演活動をした人です。彼が吉永村最後の村長ですが、彼がいたからこれができたと思っています。

コーディネータ 大場さんは、中学教師として、いろいろ活動してましたよね。

大場 まだ事件の前ですが、吉永中学にいたとき、私は子どもたちが村の生活の様子を作文にすることにしました。例えば、浜辺で草競馬をやったことを作文にすると、そんなことはやるべきじゃないと文句が出て何事だいわれた。かばってくれたのは鈴木敏郎という校長だった。そういう雰囲気が一般的だった。

また、焼津中学で事件に遭遇するのですが、入院された乗組員に焼津中学の生徒が慰問袋を作る、それを実践したら、そんなのとはやる必要がないと文句をいわれた。それをかばってくれたのは藁科喜久という校長でした。昔の校長は偉かったと思っています。

コーディネータ 署名活動の立役者の一つが婦人会で、そのリーダーに友田てつという方がいました。残念ながらもう亡くなっていますが、豪快なお母さんといわれているそうです。友田さんについての印象を一言お願いします。

大場 街道筋で駄菓子をやっていて、男勝りというか、姉御肌というか、囲

炉裏で胡坐をかき、キセルをふかしている、そういう人でした。彼女は相談役として村民に慕われていました。彼女がやろうといえば、みんなも協力せざるを得なかったのだと思います。

会場質問　今、この運動をどう評価しますか。

大場　この運動は、現在どういう歴史的意味を持っているかという質問だと思いますが、それは専門の先生方に分析してほしい。私自身は、やってよかったなあと思っています。大変、夢中でやり、それが全国の運動に繋がっていきましたから。

講演会（要旨）

　2011年9月11日、「ビキニ市民ネット焼津」は、Kama Vox で、原水爆禁止署名活動について、この問題を研究されている丸浜江里子さんのお話を聞いた。以下は、その要約である。

焼津と杉並、そして今

丸浜江里子（東京都歴史教育協議会）
2011年9月11日　Kama Vox

　教師を少し早めに辞めて大学院でこの問題の研究を始めた。何故杉並区でこういう運動が盛り上がったか興味を持った。どういうわけか、有名な戦後史研究では、この運動は登場せず、そこで初めからから調べてみようと思った。杉並はリベラルな地だといわれるが、特別そんなことはない。東京では保守的な農村地域だった。ただ戦前、小林多喜二、三木清、戸坂潤のように「治安維持法」で弾圧され殺された人がいて、その伝統が繋がっているところもある。署名活動の指導者となった安井郁のような人もいる。しかし最近は「新自由主義」を掲げる首長も出て、教科書問題で問題を起こしている。

ヒロシマ、ナガサキ、ビキニ、フクシマ

　福島第一原発事故後、メディアは、ヒロシマ、ナガサキ、フクシマと位置づけるが、ビキニを抜かすべきではない。丸木夫妻の『原爆の図』で描かれている地名は、焼津（原爆の図　9）と杉並（原爆の図　10）だけ、3．11以後、「広島・長崎・福島」ではなく「広島・長崎・ビキニ（やいづ）・福島」

と結びつけることが大切だと思う。
　第五福竜丸の貢献は、見崎吉男さんたちが、無事焼津市港に着いたことにある。しかも「死の灰」をもって。その灰を各大学が分析して、その恐ろしさを始めて知らせた。そのことが核被災を日本全国や世界に伝えた。被害の記憶だけでなく、運動の記憶を思い起こす意味でも重要になる。杉並の運動の主体は、1900～1920生まれの戦争を生きた人々が中心になって行われた。
　今日は、杉並の署名活動を概観して焼津とのつながりを見ていきたい。

原水禁書名活動の始まりと展開

　「魚健」のおかみである菅原トミ子が、4月16日に杉並区婦人団体協議主催の講演会で訴えたのがきっかけとなった。
　「第五福竜丸のことでマグロに放射能が含まれているということで、魚が売れなくなり魚屋は困っています。このままでは明日から店を閉めなくてはなりません。私達漁商組合で水爆実験の署名を取り組んでいます。一人でも多くのかたに署名していただきたいんです。」
　この発言は大きな反響を呼び、区内の42の女性団体が加盟する婦団協を動かすことになった。42の中には、愛国婦人会など戦前の運動体も入っていた。
　重要なのは、その少し前の阿佐ヶ谷天祖神社での集いである。第五福竜丸が帰港し、魚の汚染が全国化し、売れなくなり、魚屋やすし屋がピンチになり、散発的に署名活動が各地で始まっていた。こうしたなかで、40人ほどが神社に集まり、知識人、労働組合、魚商、革新政党、女性団体などが一緒に話し合いをして、阿佐ヶ谷平和懇談会を立ち上げ、書名活動を区議会決議にかけることを決定した。

翌日、杉並区議会が開かれ、菅原健一（トミ子の夫）が代表して訴えた。この夫婦は戦前からの労働運動の活動家で「赤い魚屋」と呼ばれていた。午後の審議で原水爆禁止決議が採択された（東京では4番目）。

5月9日安井郁の呼びかけで40人が集まり署名活動を呼びかけた（大井川の吉永村と同じ日）。杉並アピールが出され、水爆禁止のため全国民が署名しようと訴えた。

原水爆禁止署名運動杉並協議会が発足して動きだした。用意した用紙は20万枚、その後40万枚となった。

漁商の動き、女性の動き、革新的知識人の想いと動き、公民館長保井郁の想い、そのような多様な人々の想いが合わさって全国的・統一的な署名活動を立ち上げることができのだと思う。杉並アピールは以下の三つで、原水爆禁止のみに集約している。

　　　「原水爆禁止のために全国民が署名しましょう」
　　　「世界各国の政府と国民に訴えましょう」
　　　「人類の生命と幸福を守りましょう」

5月13日に実行委員会が開かれ、安井委員長の下で、保守も含むあらゆる層を目標に、14日から署名が開始された。街頭署名も行ったが一戸一戸訪ねて説得する方法を重視した。

よく「杉の子会」が中心なってということが言われるが、署名の時は杉並婦人協議会が中心だった、この会は、安井が呼びかけた勉強会で、奥さんの田鶴子が束ねていて、杉並区公民館で難しい社会科学の本を読んでいた。社会を正しく認識すること、子どもきちんと育てるには、時代を知らなければならない、この会は、運動の終わりの方で重要な役割を果たした。

中心になったのは婦人団体協議会だった。戦争はごめん、安全な食べ物を求める気持ちが合わさって、平和、食糧、消費者問題と考えて行動した。それに当時の区長・高木敏雄が協力的で、区の職員が窓口で署名を集めることを認めた。区議会議長も積極的だった。全区的な運動となった。

当時の杉並の人口は39万人、どんどん増えて、最終の1955年8月には28万719筆となった。

杉並から全国へ

杉並の成功が弾みになって、6月には全国的に広がった。その集計組織が必要になり、原水爆禁止署名運動全国協議会が結成され、8月8日に結成式が開かれた。全国から多くの意見が集まったが、スローガンは杉並と同じに

した。代表は、当時の革新的な知識人（湯川秀樹、有田八郎、奥むめお、羽仁もと子、大内兵衛ら12人）。安井郁が事務局長となった。マスコミを大いに活用した。署名は、9月になると久保山愛吉の死去の反響もあり拡大しつづけ、12月には2000万筆を越えた。1955年1月の署名活動全国会議で、原爆10周年を記念して8月6日に広島で原水爆禁止世界大会の開催を決定、8月には3000万筆を越えた。

1955年8月6日から8日に原水爆禁止世界大会を広島で開催、5000人が集まった。民衆が実現した初めての世界大会だった。この大会に初めて被爆者が姿を見せ、被害を訴えた。そのときの「生きていてよかった」という言葉とともに、原爆問題・被災者救済がはじめて全国的に伝わった。署名数は3183万7678筆に達した。この中に、全国各地で行われた署名簿があった、吉永村の「村民の声」の署名簿も、おそらくその中に含まれていたと思う。

結び　署名運動の歴史的意義

第五福竜丸が伝えてくれた事実の大きさは、署名活動という運動によってで全国・全世界に伝えられた。この署名活動は、戦前からの伝統を継承した革新的な知識人、杉並女性の活躍、保守も含む幅広い活動、いろいろな人の思いが一つになって生まれた運動だった。

その意義は、第一に平和運動のイメージを変えた。左翼運動ではなく、主婦やお母さんといった普通の人たちが行い全国に波及した。

第二に、ヒバクシャ救済の原因となった。広島での原水爆禁止世界大会でヒバクシャが始めて発言したことで、以後、ヒバクシャの声は高まり被爆救済運動をつながっていった。

第三にアメリカの対日関係、極東政策に影響を及ぼした。アメリカは、反米、中立、親ソ連を恐れ、兵器持込みなどで締め付けを計画したが、広範な署名活動で中止を余儀なくされた。

第五福竜丸が無事戻ってきたこと、それが提起した問題を引き受けた運動だったといえる。フクシマが起きた今日、この運動から学ぶことは沢山ある。

○丸浜江里子さんは、『原水禁署名運動の誕生──東京・杉並の住民パワーと水脈』（凱風社、2011年）の著者。東京の公立中学校教員を勤めた後、明治大学大学院文学研究科に進学し、杉並で起こった原水禁署名運動をテーマに研究。2006年「第1回平塚らいてう賞」奨励賞受賞。現在も教科書採択問題や、反・脱原発運動に積極的に関わっている。

参考文献
- 大井川町史編纂委員会編『大井川町史』(下) 大井川町、1992年
- 飯塚利弘『私たちの平和教育 「第五福竜丸」・「3.1ビキニ」を教える』民衆社、1987年
- 飯田彰『たかくさの春 60年の回顧』するが文庫、2010年
- 丸浜江里子『原水禁署名運動の誕生 東京・杉並の住民パワーと水脈』凱風社、2011年

第5章　第五福竜丸（レプリカ）保存運動

　焼津市にある近藤和船研究所の近藤友一郎さんが生前に作った第五福竜丸（5分の1のレプリカ）を保存しようという動きがあり、「ビキニ市民ネット焼津」と旧港保存運動の「かまぼこ屋根の会」が、市民に保存を呼びかけることになった。その背景にある問題を見てみよう。

第五福竜丸保存：過去と現在

　実物の第五福竜丸は、東京夢の島にある第五福竜丸展示館に保存されている。その経緯について知ることで、「第五福竜丸」（レプリカ）保存の意味について考えてみたい。

　第五福竜丸の運命については、すでに色々書かれている。建造からもう65年になり、老朽化してその保存が重要な課題になってきている。

　第五福竜丸が、なぜこの地にあるのか、どんな役割を果たしているのかについては、第1回焼津平和賞を授賞した「第五福竜丸平和協会」事務局長で展示館の主任学芸員安田和也さんが、2010年6月30日に焼津市を訪れ、受賞記念講演会でその経緯を報告している。

　また、「ビキニ市民ネット焼津」の加藤代表が、2011年5月に焼津市民と「第五福竜丸に会いにいこう」というスタディーツアーを実施した際に、行きのバスの中で、「第五福竜丸保存運動について」、主に焼津からこの問題を報告している。そこから以下、簡単に第五福竜丸という船についてクロノロジー風に見ておこう。

　第五福竜丸は1947年3月、かつお漁船・第七事代丸として和歌山県古座町で建造され、焼津へ。その後、マグロ延縄漁船に改造、第五福竜丸となる。1953年6月から4回就航し、1954年1月22日に第5回目出航、3月1日マーシャル諸島ビキニ環礁の米水爆実験に遭遇した。14日に焼津に帰港。16日に新聞報道され、被曝は全国へ。乗組員は東京で入院。18日政府はマグロの放射能検査を指示（指定5港）。17日、米軍、第五福竜丸の除染・沈船を政府に申し入れる。26日、文部省が買い上げを決定した。

　1954年8月16日、東京へ曳航され、東京水産大学に預けて残留放射能の

検査と除染が行われ、1956年5月に安全宣言が出され、三重県大湊で大学の練習船「はやぶさ丸」に改造される。

1967年3月、廃船処分。解体業者は、エンジンを転売し船体を東京江東区のゴミ捨て場「夢の島」に放置された。

1968年3月6日に武藤宏一（会社員で当時26歳）が『朝日新聞』「声」欄に「沈めてよいか第五福竜丸」という投書が載り、これは大きな反響を呼んだ。これを機に、1968年8月から保存のための募金活動が始まる。

1969年4月に各界の有名人による「保存の呼びかけ」があり、7月に保存委員会が発足し、1970年2月に「はやぶさ丸」から「第五福竜丸」へ変えた。

1973年11月に財団法人第五福竜丸平和協会」が設立されて、船体の所有を決定、1975年2月に夢の島公園の都立第五福竜丸展示館の建設が決定され、船体は東京都に寄贈され、建設開始。1976年に展示館開館。財団は東京都からの委託を受けて管理を行うことになった。施設と船体は都の所有となった。展示、原水爆問題の教育普及、資料収集などは財団が担う形で管理や運営が行われている。

希少な木造船で、産業遺産としての性格があり、原水爆問題を後世に使える平和遺産としての役割をも担っている。

展示館は、年間11〜12万人で、2010年時点で、来館者延べ478万人、学校見学年間約450校（小180、中200、高校50、大学20）。高齢者の団体の見学も増加傾向にある。市民グループへのガイドは年間約150回とのこと。安田さんは、焼津平和賞授賞後、焼津市民と焼津の小学校の訪問が増えていると報告している。

ボランティアの会が活躍しており、退職教員を中心に2001年に発足した。この人たちが全ての見学に際してにガイドしている。企画展示会は年に2回、コンサート、子どもワークショップ、などのイベントも行っている。

第五福竜丸の今後として、保存の課題があがっている。腐朽した肋骨をはずし代わりの肋骨を入れたり、傷んだ木材を新しいものに変えたり、元の構造を残し補修する必要がある。

築34年を過ぎた第五福竜丸展示館の建物の老朽化への対応も必要になっている。ソフト面として戦後の核開発に関する研究資料収集も今後続ける必要がある。核の被害、戦争をどのように伝えるか。体験者が減少し、知らない世代が多数になるので、意識的に、伝える、知る、考える、感じる……、など今後の展示館と第五福竜丸の役割の新たな構築が求められる。

焼津とのかかわりであるが、焼津人としては微妙である。事件直後、この

船は厄介舟であった。被曝被害を受けた船として原爆実験の被害者であるが、地域では「加害者」になっていた。この船が引き起こした「まぐろパニック」による風評被害で地域水産業は大打撃を受けたからである。こういう状況から第五福竜丸を「いらないから捨てた」という意識が市民にあり、ある種のトラウマとして残っている。

また、その平和活動について、まだ冷戦期の原水協・原水禁の思想が強いと警戒する人も多い。

久保山すずさんは、展示館に50万円を寄付している。焼津市は、資料集の刊行に際し、関係資料の保存をめぐって、展示館と確執したこともある。

2004年ごろ、市民の一部から「第五福竜丸を焼津市へもどそう」という提案があり、これについて議論したことがある。結果として、市民の納得が得られない、保存する財政的余裕がないなどから極めて消極的な意見が多かった。

以上が、東京にある第五福竜丸の過去と現在、そしてその将来の展望での概略であるが、焼津では新たな動きがその後にあった。

これが、地元の船大工で、和船や伝統的な漁船を研究し、その復元にあたってきた「近藤和船研究所」が製作したレプリカを焼津市が保存しようという運動である。

レプリカ保存運動
呼びかけ　現代の「匠の技」で第五福竜丸を復元!!

1954年（昭和29年）3月1日、太平洋ビキニ環礁で行われたアメリカの水爆実験で被災した焼津漁協所属の第五福竜丸が、5分の1の緻密さで被曝当時の姿のまま、完全に復元された。

復元したのは近藤友一郎さん（78歳）。焼津市大住で近藤和船研究所を主宰し、これまで多くの和船を復元してきた。焼津の伝統的な漁船「八丁艪」

第5章　第五福竜丸（レプリカ）保存運動

も復元したことがある。

　これまで、産業考古学保存功労賞、厚生労働大臣賞「現代の名工150人」に選ばれる（2000年）、黄綬褒章（200218年）など数々の賞を受賞されている。

　その近藤さんは2009年に、第五福竜丸（レプリカ）の寄贈先の見つからないままで逝去されてしまわれた。

　生前、近藤さんはこう述べられた。

　「平成16年（2000年）の春、『生涯をかけた事業として第五福竜丸をつくりたい』と和歌山の知り合い（2002年の春に病死）が飛び込んできた。焼津の歴史と漁師町の文化を語る上で、後世に伝えなければならない船だと考えていたので、意気投合し、その年の夏から製作に取りかかった」。翌2001年にはほぼ完成していたが、諸般の事情で一般への公開はしておらず、今回が初めて。

　「芸術や文化を通し平和を焼津から発信したいとする『ビキニ市民ネット焼津』の皆さんと考えが一緒だったので、今回披露することにしました。」

全てを5分の1のスケールで

　船体の長さ、幅だけでなく、骨組みの本数、位置まで、全てお5分の1で再編するという魂の入れ様で、寸分の妥協も許さない現代の匠の技が随所に光っている。

　東京・夢の島の第五福竜丸展示館で展示されている船は、東京水産大学（現東京海洋大学）の練習線「はやぶさ丸」を修復したものであり、キャビ

（完成写真）2007年11月、静岡福祉大学学園祭（静福祭）で公開された第五福竜丸レプリカと近藤友一郎さん

ンも鋼板も変わっている。「死の灰」を浴びた甲板や船体の全てが取り替えられ、被曝時のもので残ったものは骨組みだけ。その意味では、被曝当時の姿を忠実に再現した模型といえる。

　時代考証を踏まえ、船大工として確かな腕で模型を作る近藤さんは、民俗学や海事史の研究者などからも注目され、神社や博物館からも製作依頼が来る。

　今回の製作に当たっても、和歌山県古座町で「第七事代丸」として建造された図面なども取り寄せ、再現に心を配ったという。

　署名活動は1ヶ月の短期間で行われ、約6000筆を集め、市長に提出した。

近藤和船研究所での聞き取り調査　2009年2月22日

　近藤友一郎さんが亡くなった後、「ビキニ市民ネット焼津」メンバーは、近藤和船研究所において、研究所の実情と近藤さんが製作した多くの船をこれからどうするか、文化財として保存すること、できれば、焼津市で管理してもらえるかどうか、研究所の担当者からお話を聞いた。

参考文献
- 広田重道『第五福竜丸保存運動史』白石書店、1981年
- 『沈めてよいか第五福竜丸　武藤宏一遺稿・追悼集』同編集委員会、1986年

　なお、第五福竜丸（レプリカ）は、その後、焼津市に買い上げられ、焼津市民文化センター併設の歴史民俗資料館に収蔵されている。

特別章（1）
焼津流平和の作り方：市民のビキニデー・プロジェクト

　　　　活動報告　清水良一（「焼津港100年会議・かまぼこ屋根の会」代表）

旧港解体とトロ箱ライブ

　2009年からいくつかの市民団体が協力して、政党や労組などが主体となって長年続いている「3.1ビキニデー」とは別のイベントをやってみようという動きがあった。まず、旧港の解体から現在までをふりかえることにする。

　焼津旧港が解体されることを知り、「何とかしたい」と10名のメンバーが集まり、2005年5月に、「焼津旧港の活用を考える会」が発足した。8月に「ビキニ市民ネット焼津」のグループとともに、夜通しの「ゴジラ映画」鑑賞会を旧港8号売り場の一角で実施した。この年の暮れ「旧港保存のための署名活動」が開始された。約2ヶ月間の署名活動で、焼津市民と市外からの支援で、10,869筆を集め、市長、静岡県管理事務所、焼津漁協に提出した。

　3月にこの旧港を活用する提言の場として「焼津港わくわくシンポ」を開催した。テーマは「旧港を生かしたまちづくり」（焼津市、焼津市商工会議所、静岡県管理事務所、焼津旧港の活用を考える会のメンバーが参加。コーディネータは北大路信郷明治大学大学院教授）。

　この時、トロ箱をステージにした海辺のライブコンサートを開き、これがトロ箱ライブの原型となった。（トロ箱とは鮪を氷詰めして運搬するための木製の箱のことである。）

　しかし、2007年6月、市議会で解体が決議され9月から解体作業開始、12月に更地になってしまった。

　この間、トロ箱ライブは2006年10月から2007年7月まで、毎月おこなった。ホクレア号を支援する市民グループとの出会いもこの時期のことである。

　2007年8月27日～9月1日には「旧港ありがとうウイーク」として様々なイベントを催した。最終日の9月1日には、第五福竜丸元漁労長、見崎吉男氏が53年前にビキニ環礁でアメリカの核実験による死の灰を浴びた当時の事を語ってくれた。見崎氏のお話は、切なくも衝撃的なものだった。同時に、焼津旧港解体後の私たちの活動に大きな影響をあたえることになった。

まちおこしとしての「焼津流平和の作り方」

　2007年12月。焼津旧港は解体され、更地になった。旧港を失い、挫折感が会

のメンバーの間に蔓延する中、「市民のビキニデー」をやりたい、といったメンバーがいた。ホクレア号を支援する市民グループのひとり、杉本智子だった。通称モコちゃんは旧港の近くにある元魚問屋を借りてギャラリーにするという企画を提案した。「市民のビキニデー」の誕生の瞬間だった。(第1回目は2009年3月1日から3月14日)

市民のビキニデー

　2008年1月、「焼津港100年会議・かまぼこ屋根の会」を設立し、さまざまなイベントを行った。5月の「復活トロ箱ライブ」、8月には「焼津流平和のつくりかた with トロ箱ライブ」をビキニ市民ネット焼津のグループとともに行った。更地になった旧港跡地にトロ箱を並べてステージと客席を設けた。
　「焼津流平和のつくりかた with トロ箱ライブ」8月29日～30日
　　広島平和資料館館長（広島平和文化センター理事長）スティーブンリーパー
　　　氏の講演
　　映画「六ヶ所村ラプソデー」上映、トークライブ（木下デビット氏＆富田貴
　　　文氏）
　　内田ボブ、ジャミング、他　ライブ
　反響は大きく、最終日は夜中の0時になってしまった。この時、ようやく焼津流の「平和」に対するスタンスが目にみえる形となってきた。元魚問屋を借りてギャラリーにするという企画は、「Kama Vox」(※注)と名づけ、「かまぼこ屋根の会」だけでなく、まちづくりグループの集会場として自由に集える場にすることになった。真っ先に賛同してくれたのは、「焼津・群舞の会」だった。
　2009年1月「市民のビキニデー実行委員会」を立ち上げて、第五福竜丸が被曝した3月1日～14日に「市民のビキニデー」を行うことを決定した。14日は、第五福竜丸が無事旧港に帰ってきた日である。

第1回（2009年）

　3月1日～3月14日に「市民のビキニデー」第1回が始まった。
　　Kama　Vox でアキノイサム作品展
　　　トロ箱ライブ（3月14日）内田ボブ、長沢哲夫、PaPa-U-Gee、安兵衛、他
　　第五福竜丸元漁労長　見崎吉男さんのお話
　ところで、2008年政権交代があった。12月に市長選挙で清水泰氏が市長に当選した。清水市長が最終日のトロ箱ライブに立ち寄ってくれて、「6.30市民平和集会」の第2部でやれないかな、と提案した。
　第1回「市民のビキニデー」後、実行委員会は、焼津市の平和推進室メンバ

ーとともに、「6.30市民平和集会」の市民コンサートの準備に入り、幾度の協議を重ねた。

市民文化センターで「6.30市民平和集会」の後、第2部として市民平和コンサートを開催した。市（行政）との協働という、はじめての試みだったが小ホールにトロ箱を並べ、来場者（小学生からお爺さん、お婆さんまで）とステージが一体となり大いに盛り上がった。

その後、Kama Vox で映画上映などさまざまな催しを実施した。

第2回（2010年）

1月から Kama Vox でトロ箱正月祭（餅つき大会、魚凧つくり、などを実施した）。2月から「焼津まるごと塾」を始め、1回目はこんにゃくつくり、4月の第2回は、黒はんぺつくり、5月の第3回は、加藤静岡福祉大学教授（前学長）の［やいづ平和学］入門編。

3月1日～14日、市民のビキニデー（第2回）「マーシャルとつながろう」
● 常設展　島田興生氏の写真展「マーシャルの子供たち」
　1日　マーシャル諸島ロンゲラップ環礁元国会議員アバッカ氏が焼津へ
　　　見崎吉男氏と会談、焼津市長、表敬訪問
　14日　ピースライブ開催。内田ボブ、PaPa-U-Gee、安兵衛、他

「焼津市市民まちづくり活動事業費補助金制度」を活用しようということで、かまぼこ屋根の会として、2010年6月に申請し、以下のようなプレゼンテーションを行った。

※焼津市からの補助金を得ての事業としては、「市民のビキニデー」（第3回）からになる。

焼津平和賞が動き出し、第1回は第五福竜丸展示館（第五福竜丸平和協会）が受賞。6・30集会で授賞式が行われた。この日の夕方、Kama Vox では広島の矢川光則（矢川ピアノ工房）さんの協力で「被爆ピアノ」の演奏会が行われた。ピアノ演奏は、池邊幸恵さんと焼津出身の鈴木亜紀さん。このピアノは、この後、ニューヨークに運ばれ、9.11会場で演奏された。

7月、鎌仲ひとみ監督の「みつばちの羽音と地球の回転」上映会
8月、マーシャル諸島をフィールドに平和研究に取り組む竹峰誠一郎氏講演

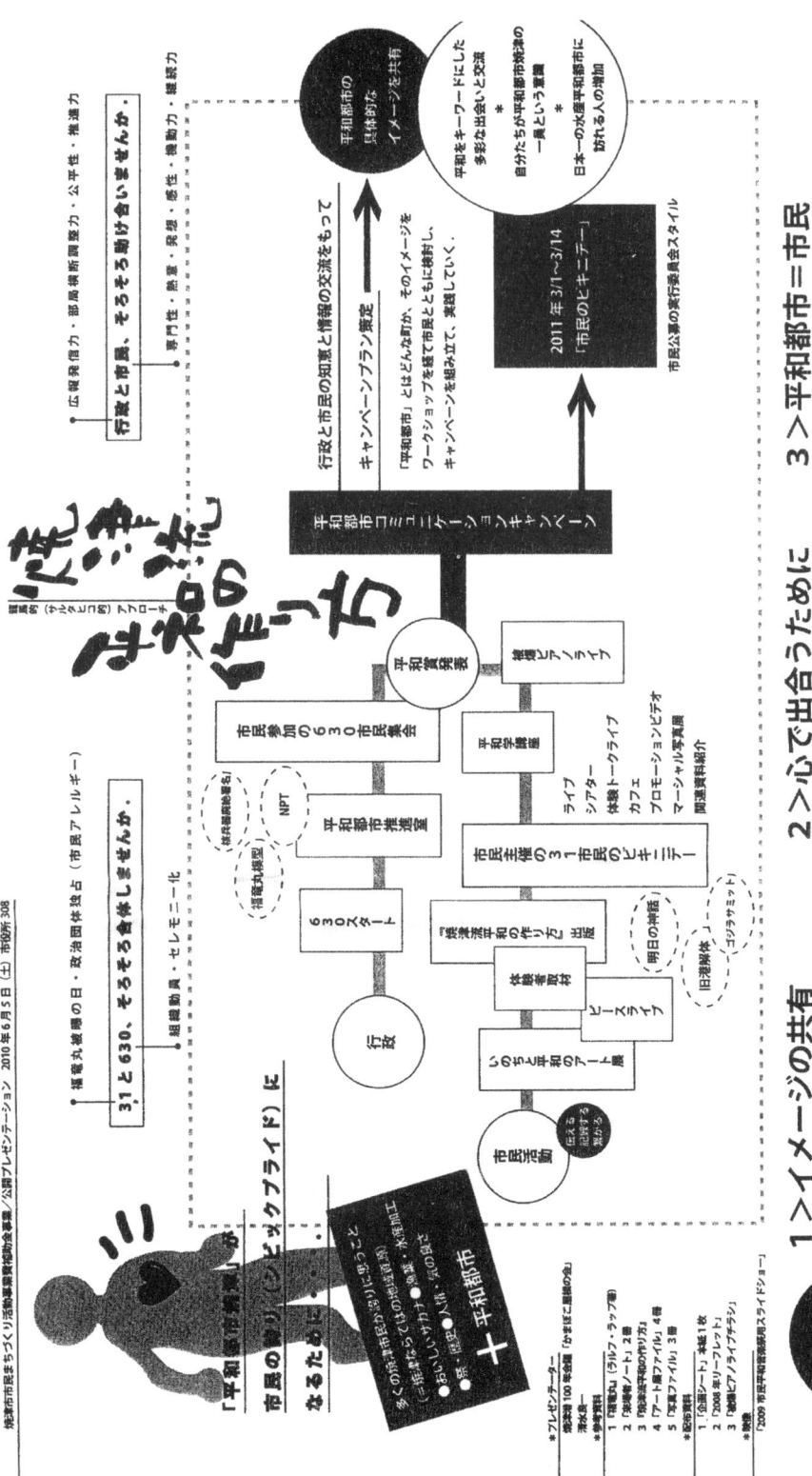

焼津市市民まちづくり活動事業補助金事業／公開プレゼンテーション 2010年6月5日（土）市役所308

「平和」を考えるのが、市民の誇り（シビックプライド）になるために、

平和のな作り方

龍馬的（さかまとごうき的）アプローチ

3.1と630、そろそろ合体しませんか。
- 福竜丸被爆の日・政治団体独占（市民アレルギー）
- 組織動員・セレモニー化

行政と市民、そろそろ助け合いませんか。
- 広報発信力・部局横断調整力・公平性・推進力
- 専門性・熱量・発想・感性・機動力・継続力

平和都市コミュニケーションキャンペーン

行政と市民の知恵と情報の交流をもって キャンペーンプラン策定

「平和都市」とはどんなだろうか、そのイメージをワークショップを経て市民とともに構築し、キャンペーンを組み立て、実施していく。

平和部市の具体的なイメージを共有
- 平和をキーワードにした多彩な出会いと交流
- 自分たちが平和都市横須賀の一員という意識
- 日本の水産都市部に訪れる人の増加

2011年 3/1～3/14「市民のピカ・デー」

市民公募の実行委員会スタイル

- 平和賞発表
- 横須賀フライト
- 市民参加の630市民集会
- 平和学講座
- 平和都市推進室
- 市民主権の3.1市民のピカ・デー
- 630スタート
- 焼津平和の作り方出版
- 体験者取材
- ピースライブ
- いのちと平和のアート展
- 福竜丸模型
- NPT
- 旧漁業組合
- コジラサミット
- 明日の神話

- 行政
- 市民活動

キャンペーンの考え方

1＞イメージの共有
（行政と市民が「イメージ」を共有するプロセスそれ自体をキャンペーン）

ワークショップ
- 平和って何だろう？
- 福竜丸事件をどう位置づける？
- どんな町が平和都市？

2＞心で出合うために
（福竜丸事件と市民一人ひとりが「出合う場」をデザインする）

例
- マークやポスターでキャンペーンを視覚化
- 市民のピカ・デーなどイベント＆キャンペーンツール
- アート・音楽・演劇・映画の体験を聞くプログラム
- 平和学講座（全公民館巡回）＆教育プログラム

3＞平和都市＝市民
（出会ったあとを「伝えたい／動きたい」市民が増える仕組みをつくる）

- 平和に関する話をし市民が起こしやすい仕組み
- 福竜丸が停泊した港（現場）を市民が自由に活動に使う
- 広場「日本一の平和の通り」として整備（ハード＆ソフト）
- 「平和の語り部が生きる仕組み」（案内人・出前）

多くの焼津・市民が誇りに思うこと
焼津ならではの地域資源
福竜丸事件、漁業、水産加工
「旧港の風景・人柄・気の良さ」
（占い、しいたけかわいい、歴史・文化）
民家、歴史文化・人柄

*プレゼンター
静岡県100年組曲「かまぼこ最初の型」
清水桃一
*参考資料
1 福竜丸（ラルフ・ラップ著）
2 「被爆船ノート」2冊
3 「焼津初平和都市の作り方」
4 アートと再アイル 4冊
5 写真アイル 3冊
*配布資料
1「企画シート」本紙1枚
2「2008年リーフレット」
3「焼津ピアノブラザライブ」
*映像
「2009 市民平和音楽院所スライドショー」

会「ビキニ環礁、負の世界遺産」

第3回（2011年）
市民のビキニデー（第3回）
- 常設展　第1回焼津平和賞を受賞した「第五福竜丸展示館」の協力で、第五福竜丸事件関連の資料、写真を展示（3月1日～13日）
- 映画上映会『第五福竜丸』監督：新藤兼人
- 3月6日に「焼津流平和の作り方」講座、［やいづ平和学］特別編「第五福竜丸事件とゴジラ」（加藤一夫、静岡福祉大学名誉教授）
- ゴジラ展：ゴジラのフィギュア（20点）を展示した。
- まちづくり討論会　テーマは「平和都市焼津市をつくろう」参加者16名で3時間の徹底討論が行われた。

3月11日、東日本大震災。
12日に予定していたスタディーツアー「第五福竜丸に会いにいこう」は延期。13日のピースライブも延期。
- 5月22日、延期されていたスタディーツアー「第五福竜丸に会いにいこう」を実施。見崎吉男氏は、42年ぶりの第五福竜丸との再会だった。バス内で「第五福竜丸保存活動について」の勉強会。第五福竜丸展示館の見学後、渋谷に展示してある岡本太郎「明日の神話」を観た。帰途のバス内で総括討論。第五福竜丸展示館へバスで行く……ということに、予想以上の成果があった。

（参加者の感想）
① 見崎吉男さんと、第五福竜丸の再会の場面に立ち会えたことに、感動した。
② 念願だった第五福竜丸に会えた。60年の人生を振り返るよい機会をいただいた。
③ バスツアー、ということがよかった。車中での自己紹介や、第五福竜丸を介して感動を共有できた。
④ 第五福竜丸は歴史の証人。
⑤ 『皆さんのおかげ』という見崎吉男さんの言葉に感動。
⑥ 第五福竜丸があることで、焼津の平和を考えることができる。
⑦ 核（原発も含めて）は、今の人間の手にあまる。
⑧ 焼津の元気のよさに感心した。（焼津市外の人）

- 6月30日、第2回焼津平和賞として高知で活動中の「幡多高校生ゼミ」が授賞。6.30集会で焼津平和賞の授賞式後、居酒屋「アヤナイ」で顧問の山下正寿さんの歓迎会。
- 7月31日、東日本大震災で延期したピースライブ。6.30平和集会にあわせ

特別章（1）焼津流平和の作り方：市民のビキニデー・プロジェクト

て行う予定だったが、今「平和」を語るならば、切迫した現実……原発問題をテーマにしよう、ということで、トークセッションを行った。

　第一部　歌と大道芸とライブペイント：安兵衛、ドラゴン、リョウ、ANBASSA、LEN、PAPA U-Gee、他
　第二部　トークセッション「核のない未来へ」：向井雪子　チェルノブイリ子供基金代表理事／馬場利子　環境カウンセラー／東井怜　東京電力とともに脱原発を目指す会代表／三浦伸章　MOA自然農法文化事業団

「……『平和』というテーマは広くて、深いものです。しかし今回のトークセッションでは自分たち一人ひとりの生き方と決して無関係でない、寧ろもっとも身近にあるテーマだと教えられました。」

「第五福竜丸事件をきっかけにして日本の平和運動がはじまりました。同時に、日本の原発政策も、「核の平和利用」という名目で始まったのも事実です。とするならば、原子力発電を含めたエネルギー問題についても角度を変え論議する必要があります。」

「福島原発事故は、世界中の人に迷惑をかけつづけている……。」

トークセッションでの印象的な言葉でした。

このイベントにより、「平和」をキーワードに集まれる場を提供できたことで来場者同士の新たな出会いを生み出せたと思います。また、原発問題をテーマに「平和都市焼津」を身近に感じてもらういい機会になったと手応えを感じることが出来ました。

3.11の東日本大震災で私たちは多くのものを失いました。そして、福島第一原発事故を契機に私たちは非常に不安な毎日をくらしています。……これまでの価値観・生き方の転換期に来ているのではないでしょうか？

第五福竜丸事件で体験した被曝と風評という問題が、福島原発事故により日々の切迫した不安として今現実に存在しています。このような時だからこそ、あらためて平和とは何か？自らに問いかけ、語り合える場が必要だと思います。
（「2010年度焼津市市民まちづくり活動事業報告書」より）

2011年11月、「Kama Vox」から（家主の事情で）撤収することになった。

2008年以来、Kama Vox はギャラリー、講演会、ライブコンサートなど、幅広く活用してきた。まさしく、まちづくりグループの拠点といえた。第4回（2012年）の市民のビキニデーは、こうした事情で会場探しからはじめることになった。

「案山棒」というのは「かまぼこ屋根の会」のメンバーがやっている蕎麦屋で、店主は一風変わっているが、なかなか旨いと評判の店。元麻雀屋を改装したのだが、小規模なライブコンサートやギャラリーにもなる。4回目の市民のビキニデーは、ここからはじまった。テーマは「いのち」。

第4回（2012年）

焼津流平和の作り方　市民のビキニデー（4）2月19日（案山棒にて）

2011年8月にマーシャル諸島、ビキニ環礁を訪ねたメンバーの報告会。内田ボブさんのライブ

マーシャル日程　2011年8月15日〜2011年9月12日

報告者　杉本智子、鈴木克也、池ヶ谷千穂、内田ボブ、高松勝（静岡新聞記者）

3月10日　トークセッション
［やいづ平和学］特別編
「ゴジラの敗北　死者から視線」（加藤一夫／静岡福祉大学名誉教授）
米沢　慧『核の時代のいのち』
（アトレ焼津公民館にて）

（参加者の感想）

「米沢さんのお話の中で……『この可哀想を分けてもらわないと生きていけない』。被災地でボランティアをしていたある俳優が、炊き出しのカレーをよそいながら、そう言った、と。

2003年に、第5福竜丸の漁労長だった見崎吉男さんの体験談を初めて聞いたときのことを思い出しました。見崎さんへの申し訳なさでいっぱいになった。あのときの自分の気持ちは、そういうことではなかったかと。私自身のビキニの活動はあの時から始まったし、いま、マーシャルに行っている仲間たちも、311後にとにかくとトラックを手配して何回も物資を運んだ仲間たちも、皆さんも、そうではないかと想像します。」

「『往きの医療と還りの医療』『宮沢賢治と東北』『被災地の子どもたちの作文』のお話など聞けて……やはり焼津に来てお話いただいて本当に良かった、と思うのです。ありがとうございました。」

3月11日　ピースライブ＆鎮魂のキャンドルナイト（震災1周年）
（焼津旧港跡地にて）

● ピースライブ　ホトリカ、焼津フォーク村のライブコンサート。14時46分に地元消防団のトランペットで一分間の黙祷を捧げた。
● 鎮魂のキャンドルナイト　木南広峰（貞善院住職）氏の読経ではじまった。3.11で犠牲になられた2万人にのぼる方々のご冥福を祈るとともに、世界平和を祈願した。約500本のろうそくで「結」の文字を模った。

※注「焼津港百年広場」「Kama Vox」
　「焼津港百年広場」は、過去100年、未来に100年につなげたいという思いをこめて、歴史ある焼津旧港を端的に表現したエリア名です。市民に親しまれてきた特徴的な景観だった「かまぼこ屋根」に、声を意味するラテン語 Vox を合わせて、シアター（芝居小屋）的にここでさまざまな催しを開くことができる仕組みを市民が主体となって組み立てたいと考えます。
　たとえばヨーロッパには小さな町であっても、中心に広場があり、そこに市民が集い、観光客が訪れ、自由な交流が生まれます。日本の都市には少ないこうした空間を焼津市民はすでに持っていることの素晴らしさを、もう一度再認識したいと考えます。

特別章（2）
現代的課題としての平和講座

　　　　　　　　　　　伊藤　俊（焼津市職員、元豊田公民館館長）

　私が「ビキニ市民ネット焼津」と関わるきっかけになったのは、岡本太郎の壁画「明日の神話」である。2007年のことだ。当時、焼津市立豊田公民館に異動したばかりの私に、様々な人物が訪ねてきた。その中に「ビキニ市民ネット焼津」のメンバーが何人かおり、第五福竜丸事件や核兵器の廃絶などについて熱心に語っていくのだった。私自身、それまでの知識はうわべだけで詳しくは知らなかった。私はしだいにそれらのことについて関心をもち考えていくようになっていった。

　特に関心を持ったのが先に触れた岡本太郎の壁画「明日の神話」（縦5.5ｍ×横30ｍ）の事である。「明日の神話」については本書の第１章で触れているので、ここでは具体的な説明はしない。しかし、私が関わるきっかけになったことなので少し述べておきたい。

　2007年11月11日、「ビキニ市民ネット焼津」が「誘致する会」を発足させた。市民の賛同を得た後、市に対して誘致の要望書を提出する予定であった。しかし市当局がそれに対して非常に消極的であるという事実を知った。

　平和を学び、核兵器の廃絶を考える上で、その壁画を何としても見たい思い、また地域の市民にも「明日の神話」について考えてもらうことを目的に公民館主催のバス見学を企画した。表題の「現代的課題としての平和講座」という位置づけは、その時点ではなかったが、公民館活動として豊田地区を中心とした市民を募り、東京の夢の島にある「第五福竜丸展示館」と、そのとき一時的に「明日の神話」が展示されていた江戸川区にある東京都現代美術館に行ったことが、私の中では、「現代的課題としての平和講座」の序章であったと考えている。2007年11月24日のことであった。

序　章

　当時は広島・吹田・渋谷が誘致に手を挙げていた。その理由は、広島は「原爆」、吹田は「太陽の塔」がある町、渋谷は「岡本太郎ゆかりの地でTAROの遺伝子を語り継ぐためとそれに伴う街づくり」であった。しかし、先にも触れたように、焼津市は展示場所がないこと、経済的な負担等を理由に誘致に消極的だった。

　この壁画には２つの固有名詞が描かれている。世界初の水爆実験「ブラボー」と「第五福竜丸」である。この稀有な天才芸術家が制作した大壁画はメキシコ

で描かれ、制作時期は大阪万博の「太陽の塔」と重なり、地球的な規模で表と裏の対を成していた。その壁が行方不明となったが、岡本太郎の死後発見され日本で修復された。岡本太郎記念館芸術振興財団は、2011年までに無償で「展示の意義が直感できる地」に譲ってくれるということになっていた。

　もし、この時、手を挙げ誘致できたならば、焼津市の集客に大きく寄与していたことだろう。何故市が手を挙げないのか、個人的に非常に疑問に思ったものだ。今なら状況も変化しており、手を挙げていたかも知れないと思うと悔しい気持ちが増すばかりだ。

　当時は、焼津もけっして否定的ではなかった．その為かこの見学にはテレビ静岡のクルーが取材に入った。テレビ静岡では、誘致活動をする「ビキニ市民ネット焼津」と経済的な理由などから誘致について否定的な市長（前）に取材しており、それに合わせて「明日の神話」を見学するわれわれ30人の姿を取材し、まとめて放送された。われわれ見学者のインタビューには「ぜひ焼津に誘致してほしい」というような市民の声が放映されている。

　結局、譲渡先を岡本太郎記念現代芸術振興財団は、焼津市の市民団体が活動を開始し始めた直後、表現すれば「突然」候補地の募集をこの11月末で締め切ってしまった。焼津への道は閉ざされてしまったのである。それも何の意義も直感できない地「渋谷」にである。最も可能性のない場所だと思っていた町である。この壁画を設置する理由として先に書いたが、他の地に比べて説得力があるだろうか。そこには何か違った意味での思惑が動いていたのではないか、出来レースではなかったか、と感じてしまう。

　この壁画を渋谷から「意義が直感できる地」焼津へという運動を再度起こすことはできないだろうか？

講座開催へ

　そんなことから公民館として平和に問題意識を持ち、特に第五福竜丸事件を背負った焼津市から平和の発信をしていかなければならないとの思いがあり、「現代的課題としての平和講座」を開催することとした。

　平和という課題に、どれだけど市民が関心を持ってくれるのか、どういった方法で取り組んでいったら良いのか考えた末、難しい話はできるだけ避け、映像・映画をみることにより語りかけていく平和講座にしようと考えた。

　映像・映画として第五福竜丸に関連したものはすぐ3本見つかった。まず、第五福竜丸自体のその後を記録したNHKドキュメンタリー『廃船』、第五福竜丸事件そのものを描いた新藤兼人監督の『第五福竜丸』、第五福竜丸事件から東宝の田中友幸プロデユーサーが発想した怪獣映画『ゴジラ』、（第1話）の続編ともいえる2001年制作の東宝映画『ゴジラ・モスラ・キングギドラ　大怪獣

くがコントロールされている。アメリカ人の情報は大変偏っています。これを変えるには、アメリカだけでは不可能で、外圧が必要です。

　こういう状況で重要なのは、日本がノーということです。日本がそういえば、韓国も無視できないでしょう。アメリカは、経済的にパンク寸前です。アメリカのアジアの経済依存度はもう60％です。その力を使ってほしい。アメリカに、もう戦争はやめなさい、イランを攻撃しないこと、核兵器を使わないこと、核を廃絶すること、こう言うべきなんです。日本が言ったら、アメリカは無視はできません、日本の力は、経済的にも全世界で非常に強く、だから重要なのです。でも日本の政府や外務省は言わない。日本とアメリカは親しい友達なのです。日本はアメリカの家来ではない。今、核を持とうというのは、アメリカ、インド、北朝鮮です、拡大する前に言うべきなんです。

　ポイントは、やはり2010年のNPT再検討会議です。これが失敗したらNPTは消えるでしょう。今は転換期です。地球があぶなくなる。核が使われるかもしれません。ほとんどの人は平和を望んでいる。それを実現しなければなりません。

重要なヒロシマ・ナガサキ議定書

　反核平和運動については、政府も政治家も知ってはいます。しかし、自らやることはありません。草の根からの運動があってはじめて彼らは動くのです。だから声を上げなければいけません。

　その意味で、今年4月に秋葉市長らが出している議定書は重要です。時間がなくてコピーができませんでしたので後で、コピーして皆に渡してください。

　また議定書か、と思っていると人もいると思います。皆さんは地球環境のための京都議定書について、名前だけは知っているでしょう、多分その内容は大部分の人は知らないと思います。内容は分からないが、在ることが大事です。多くの国が参加し批准している京都議定書ですが、

アメリカのブッシュ大統領はこれを拒否し、参加していません。内容はわからないけれど、何んだあいつは、あいつが悪いんだと思うでしょう。この核についての議定書も同じです。内容はよく分からなくとも動きはわかる。

議定書のポイントは、2010年のNPTが失敗した場合にこの議定書を使おうということです。「クラスター爆弾禁止条約」を実現したようにやろうということです。この議定書によって、誰が平和を邪魔し、誰が平和を守っているかが分かります。さっきいったようにブッシュ大統領が「京都議定書」に批准せず、世界から嫌われ者になっている。それと同じ効果があるのです。

軍縮条約というのは非常に分かりにくいものですが、この議定書は分かりやすい。誰が平和を妨害しているかがよく分かるからです。すぐにアメリカに核を廃絶するよう要求していきましょう。核はここ５年間使われないと、おそらくもう使えなくなると思います。今が大切なのです。今アメリカのリーダーに圧力をかけるためには、日本がアメリカに廃絶するよう働きかけることです。

イギリス帝国が崩壊する時に第二次大戦が起こりました。アメリカ帝国も崩壊しつつありますが、そのとき平和文化に移行しておかないと、核を使用した世界的な大惨事になってしまうかも知れません。

平和の文化を築いていきましょう。

質疑応答
●秋葉市長は、この２年間で核兵器をいらないものにしようと言ってますが、リーパーさんのお考えは。
リーパー　その通りだと思います。僕は秋葉さんのコンサルタントだと思っています。彼が動けるように僕自身が動いているのです。
●ビキニ事件の第五福竜丸の問題から全国的な反核運動が発生して、広島の原水爆禁止世界大会に結びついた。杉並の母親たちが口火を切ったのですが、焼津市周辺の大井川（吉永村）でも起こっていた。焼津の中学の先生もやっていた。この草の根運動をどのように評価しますか。
リーパー　運動の問題は、誰か苦しんでいる人がいる、助けようようというところから始まります。

焼津の人びともみんな苦しんでいるから何かしよう、そこから始まったと思います。

ガンジーの運動も、キング牧師の運動もそうです。焼津は一人の漁師が亡くなったことから全国に拡大した。核兵器だけでは動きにくい。今のところ

それで死んでいるわけではない、将来の問題です。でも種を蒔いておく必要があります。もしどこかで使われて大きな被害が出たら、そこで止めるために。例えば、アメリカはイランを攻撃してはならない。小さな種が大きなものになる。もし使われても１発でやめさせる、そういう状況を草の根から作ることです。

●憲法9条とどう結びつけたらいいでしょうか、今全国的に「9条の会」が生まれていますが。

リーパー　日本の憲法9条は、暴力を否定する憲法で、平和文化のシンボルです。そのため、日本は世界中から尊敬されています。平和文化の担い手として。この憲法を守っていかなければなりません。もしこれが変えられたら平和文化のリーダーでなくなり、アメリカの家来として、軍隊をあちこち出す「普通の国」になったら、世界からも狙われてしまいます。

●焼津市でも「9条の会」が生まれて、9条に絞って運動しようとやっていますが、なかなか難しい。広島はどうですか。

リーパー　この５月東京の方で、9条世界会議（千葉の幕張メッセ）があり盛り上がったと聞いていますが、同じ時期に広島でもやり1200人以上の参加がありました。広島には300以上の平和団体があります。大部分は小さい集団です。10人の団体が20人になるとすぐ別れてしまう。残念です。

●平和市長会議の状況はどうですか。焼津市はまだ入っていないんですが……。

リーパー　平和市長会議は、1982年に生まれ、今国内では158、ヨーロッパの参加が増えています。しかし、日本はいろいろな問題があります。長崎が運営している「非核宣言都市」との関連でなかなか難しい問題があります。

　市長会議も、あれは共産党の運動だとうわさが流れて、入るのは難しいという都市もあります。でも左翼、右翼の問題ではなのです。地球の問題なのです。

　焼津市もぜひ入ってください（2008年11月に入会）。

　なお、2008年夏のイベントは「ビキニ市民ネット焼津」だけでなく、旧港保存運動を行ってきた「かまぼこ屋根の会」と共催で行った。旧港では、ドキュメンタリー映画「六ヶ所村ラプソディー」（鎌仲ひとみ監督作品）の上映やプロサーファー木下デビットさんの講演会なども行った。

第3章　ゴジラ・ファンの集い・焼津　ゴジラ・サミット2008

準備始まる

　岡本太郎「明日の神話」誘致活動が不本意な結果で終わった直後、次のイベントとしてゴジラ・ファンの集まりを開催しようという声が上がった。すぐに準備が始まった。

　ゴジラについては、メンバーにファンも多かったということもあり、集会やイベントのマスコットキャラクターとしてゴジラ・フィギュアを使用してきたこともあり、皆熱心だった。加藤代表がやっている市民講座［やいづ平和学］でも「ビキニ事件の文化的インパクト」の一つとして、何度か報告があった。

　2004年8月にゴジラ映画第1作を市民文化センター小ホールで上映し、150人以上の観客を集めた。その後、集会場となっていた旧港「かまぼこ屋根」の一角で、夜を徹してゴジラ映画を少人数で観たこともある。

　こうした雰囲気の中で、私たちには、市民のでもゴジラとビキニ事件は自然と結ばれていった。そこから、「ゴジラ・ファン集会を港でやりたいね」、という声が高まった。

　この年の夏、加藤代表は、ちょうど連載していた『静岡新聞』（夕刊）のコラム「窓辺」に、ゴジラ・サミットについて以下のような文章を書いた。

ゴジラ、再び焼津へ

　高草山のふもとで農業を営んでいる小畑幸治さんは実に多才でエネルギッシュな人である。認定エコファーマー、「焼津おでん」の普及活動（「焼津おでん探検隊」）や町おこしの様々な活動、「ビキニ市民ネット焼津」会員、大学・高校の非常勤講師、シンガーソングライターでCDも製作——などなど多方面で活躍している。大のゴジラファンで「焼津にゴジラを建てようよ」という歌を自作したほどだ。

　ゴジラは、水爆実験で蘇生し巨大化した古代恐竜で、世界的に有名なモンスターである。東宝映画『ゴジラ』は、1954年3月のビキニ事件の衝撃で生まれた。このことは製作者である故田中友幸さんが生前手記に残している。

これまで28作もつくられている。核兵器を象徴する破壊と恐怖の悪玉ゴジラは、幾度も死と再生を繰り返し、その後の怪獣ブームに乗って「かわいい怪獣」になるが、やがて日本や世界、地球を守る守護神に変貌していく。ただ、2001年の作品（25作目）では、悪玉として再登場し、焼津（小川）港に上陸した。
　ゴジラファンやゴジラオタクは全国にも世界中に存在している。アメリカのいくつかの大学ではゴジラ学会もある。そのエネルギーを町や地域の活性化に活用しようという人も多い。小畑さんもその一人である。地域でゴジラの話題になると、なぜか皆の心は熱くなる。
　この秋、静岡福祉大学の学生たちが、学園祭「静福祭」で、「ゴジラ・サミット2008」の開催を準備している。それに市民団体が協力することになった。
　そういえば、ニューヨークヤンキースの松井秀喜選手のあだ名はゴジラ。ニューヨーカーたちは、ゴジラを「神様のようにすごいやつ」という意味で使う。今年はけがで十分に活躍できなかったのは残念。ガンバレ松井！　頑張れゴジラ！

（『静岡新聞』夕刊　2008年9月8日）

　準備は、この夏から始まった。そこで2008年8月25日、その組織化と方向について検討を開始した。

最初の構想　「ゴジラ・プラットフォーム」の設立について

1．ゴジラとやいづ

　日本が生んだ世界的に有名な怪獣ゴジラは、1954年3月に焼津漁港所属の第五福竜丸がアメリカの水爆実験で被曝したという出来事から誕生しており、このことはゴジラ映画の製作者故田中友幸が生前の発言や手記に残されている。実際、ゴジラ映画50周年を記念して製作された第25作（2001年）では、ゴジラは焼津港（小川港）から上陸している。
　当初は、水爆実験で蘇生し巨大化した古代恐竜として破壊と恐怖のシンボルだったゴジラは、その後の時代状況に沿って変身し、悪玉から善玉に代わり、最後は地球を救う救世主の役割を担うまでになっている。
　このゴジラのエネルギーを町おこしに有効に活用しようという動きは全国的にあり、最初のゴジラ映画の「上陸地」である三重県鳥羽市や神奈川県三崎市などでも「等身大ゴジラ像を建てよう」という声があがっている。

この背景に、最近、ゲゲゲの鬼太郎などの影響で、アニメや映画のキャラクターを町おこしの機動力として崩壊しつつある地方都市を再興している事例があり、そうした意図が感じられる。しかし、焼津市の場合は、ビキニ事件の体験と戦後平和運動の源流の地である、ということから、単なる上陸地を理由にした町おこしだけではなく、ゴジラを反核平和と結びつけるより深い思想的な意味をもっている。しかも、ゴジラはアニメのキャラクターなぞ足元にもおやばないスケールをもっており、そのファンは全世界に散らばっている。

　この間、焼津市で行われてきた市民運動でも、かなり以前からゴジラに注目し、ゴジラ映画を上映したりして「ゴジラとやいづとの結びつき」を強調してきた。現在、再び、ゴジラを「ゴジラを焼津に上陸させよう！」という声が至るところであがっており、それをもとに、「ゴジラ・プラットフォーム」結成の準備を始めている。これは、アートや音楽グループなどの文化団体、町おこしグループ、平和運動グループ、環境問題のクループなど様々な運動からなる組織である。

2.「ゴジラ・プラットフォーム」の設立

　その中心になっている「ビキニ市民ネット焼津」は、6年ほど前にうまれた小さな市民運動団体で、いわゆる平和運動という政治活動とは一線を画し、イデオロギーではなく生活の場から平和を考え、「第五福竜丸」事件という歴史体験を風化させず継承しようということで、どちらかというと文化運動の性格が強い。メンバーは当初は60人、現在は40人足らず、実働メンバーは幹事の10名程度が動いている。ビキニ事件と焼津市との歴史をたどるなかで、ゴジラの存在を知り、そこからエネルギーをもらおうとかなり前から議論してきた。このゴジラの力を借りるという発想は、何も焼津だけでなく、全国いたるところにあり、またゴジラ・ファンやゴジラ・オタクは全国的に存在し、その数はかなり多いと予想される。

　プラットフォームは、ネットワーク組織ではない。個人がばらばらのままで、一つの目標に向かうという性格をもった運動体である。ファンやオタクは集団行動が苦手ゆえに、こうした運動体の方が、調整する必要がないので機動力を発揮できると考える。

　現在、焼津市民の中には、港（焼津には、旧港、新港、小川港がある）に「平和記念館」（ゴジラ館）を立てようとか、「ＪＲゴジラ型駅」に改築しようとかいった声が出されている、これらは、著作権問題や財源・土地問題をク

リアしなければ、不可能な夢物語なのだが、とりあえずまず、全国に分散しているゴジラファンやオタクを集めてみる必要がある。「やいづを元気に」といった小さい目標ではなくて、「日本を元気に」といったより大きな目標をたてるべきであろう。ゴジラファンは日本だけでなく、世界的に存在し、アメリカのある大学では「ゴジラ学会」までもが存在している、その動向を知るのも重要だと考える。

3．第1回ゴジラ・サミットの開催

そこで来る11月16日（日）、焼津市にある静岡福祉大学の学園祭（静福祭）で第1回の「ゴジラ・サミット」（ゴジラファンの集い）を開くことを計画している。（大学にしたのは学生ボランティアの力を借りるため）。ファンは主にネットで集める。資金はいまのところゼロだが、カンパを集める。組織編成の具体化はこれから行う。

もし集まりが予想以上に多い場合は、第2回は東京で開催する。海外のファンはこの時に集める。

サミット開催に際して、ポスターにゴジラの写真が必要になり、会場の建物の壁に大きな（3メートル程度）のゴジラ写真を貼る必要がある。その際の著作権をどうクリアするのか、東宝との話し合いが必要になる。その話し合いは、東京本社（有楽町）で市民団体の代表5〜6名で行う。

お知らせ（1）　ゴジラ・サミット2008　ゴジラ・ファンの集い

2008年8月25日

日時　2008年11月19日　10時〜16時

場所　静岡県焼津市　静岡福祉大学　静福祭会場

目的・趣旨

静岡県焼津市は、1954年3月のビキニ事件を体験した町です。被曝した小さな漁船「第五福竜丸」により、核被爆の恐ろしさを改めて日本全国や世界に伝え、この出来事が、その後のヒロシマ・ナガサキの平和運動につながっていったのです。

東宝映画『ゴジラ』（1954年11月）は、この衝撃の中で製作されました。当初は、水爆の恐怖のシンボルであった悪役ゴジラは、その後、日本や世界、そして地球を救う救世主の役割に転じます。

最近になって、この映画の歴史的な意味を問い直し、その意義を再構築しようという動きが日本だけでなくアメリカやヨーロッパでも起こっています。アニメや映画キャラクターは世界に誇る日本の文化でもあります。クールジャパンとして世界で評価されているのです。また、このゴジラキャラクターを町おこしや街づくりのシンボルとして活用したいという動きが、かなり以前から焼津市やその周辺地域にあって、そのためか、ゴジラ・ファンやゴジラ・オタクが、この地域には沢山おります。

　現在、焼津市は、最近完成した新港を中心に、「平和な港つくり」（焼津港100年広場構想）を打ち出していて、これに市民も参加しています。そこにゴジラのキャラクターを活用しようという意見があります。また、ビキニ事件の記念シンボルとしてゴジラの形をした平和ミュージアム、あるいは歴史民俗資料館（漁業資料館）を改めて作りたいという声もあります。

　こうした動向のなかで、ゴジラ・ファンの情報発信と交流のための緩やかなネットワークをつくろうと2008年11月に焼津市にある静岡福祉大学の学生が中心になり、これに市民団体が協力して「ゴジラ・サミット2008」（ゴジラ・ファン集会）を開くことになりました。

　現在、静岡福祉大学静福祭で構想しているのは
　　○ゴジラ映画（大講義室）
　　○ゴジラ映画をめぐる講演会・シンポジウム（新館大講義室）
　　○ゴジラ・怪獣ちびっこお絵かき大会（福祉創造館6階）
　　　　　　　　　　　　　　　　会場はすでに確保しております。

　市民団体と協力して行う催しとして構想しているのは
　　●シンボルオブジェ（ゴジラフィギュア）の展示
　　●市民の手作り像
　　●ゴジラプラモデルショー
　　●ゴジラコレクター大集合
　　●ゴジラ検定、など

主催団体・組織
　　ゴジラ・プラットフォーム
「世界初1　ゴジラ・サミットを焼津で開く実行委員会」
　代表・実行委員長：加藤一夫（「ビキニ市民ネット焼津」代表幹事・静岡

福祉大学学長）
事務局長：小畑幸治（エコファーマー、町おこし団体行動隊長）
主催：静岡福祉大学地域交流センター、学生ボランティアサークル、シネマサークル、その他
共催：かまぼこ屋根の会・焼津港100年広場、など

参加資格
○ ゴジラを愛する人（性別、年齢、国籍を問わない）
○ ゴジラに託された平和のメッセージを次に世代につなげたいと考えている人
○ ゴジラを「平和の町づくり」に生かしたいと考えている人

今後の活動計画
ゴジラ・サミットの継承、ゴジラ基金（地元信用金庫によるオリジナル通帳）の準備、ゴジラ・プラットフォーム会報の発行、WEB通信、焼津平和記念館（ゴジラミュージアム）建設プランの準備、ゴジラ駅（JR焼津駅改修）構想の検討、焼津市ゴジラ通り（映画に出てくるいろいろな怪獣を並べる）、ゴジラ検定、ゴジラ鑑定団、など

お知らせ（2）

主催者からの変更と訂正
11月9日（日）に行われる予定の「ゴジラ・サミット」について以下若干の変更を行いました。これは東宝との交渉、その以後のメール交換で最終確認したものです。
　1．名称を以下のようにしました。
　　　　ゴジラ・ファンの集い・焼津（ゴジラ・サミット2008）
　2．二本の映画上映を予告しましたが、大学内での施設と時間の関係で上映しないことになりました。
　3．あくまで静岡福祉大学静福祭の一環としてのイベントで、それに市民が協力するという形になっています。
　4．イベントの内容は、ちびっ子怪獣お絵かき大会、怪獣・ゴジラフィギュアの展示（11：00～15：00）　ゴジラシンポジウム、基調報告とゴジラ・ファン（3人）の発言・討論・会場発言

5．創造館入り口付近で、よろい鮫（焼津市の小川港で水揚げされる魚で、地元では、その形からゴジラと呼ばれている）試食会・販売会。食材がなくなりしだいブースを閉鎖します。

6．会場は、静岡福祉大学（静岡県焼津市）福祉創造館（2～3階大講義室、6F）。

当日は、お笑いタレントが来学しますので、予約してある周辺駐車場も、学生駐車場も満杯になっております。JR東海道線（焼津駅、西焼津駅、こちらの方が近いです）下車、バスを利用してください。

ウエブサイトに取り込んでいる方は訂正を願いします。

ゴジラ・ファンの集い・焼津（ゴジラ・サミット2008）

1．基調報告
ビキニ事件とゴジラ　やいづから世界へ　　　　加藤一夫（実行委員代表）

なぜゴジラか
　焼津とその周辺の人々なら誰でも知っているが、ゴジラは1954年のビキニ事件の衝撃から生まれた怪獣である。水爆実験で巨大化した眠れる巨大恐竜が目覚めたものである。それだけではなく、ゴジラには、日本固有の自然観や民俗的な伝統が織り込まれている。

　今、なぜゴジラなのか、ビキニ事件とゴジラの関係を探るなかで、ゴジラという怪獣が、単に、映画だけでなく、日本文化として深い意味があることが分かった。そこで、このことをみんなで話し合う前に、ゴジラについての基礎知識を提供したい。

ゴジラとは：その魅力の源泉にあるもの
　人間は、恐ろしいも、超自然的なもの、現実に存在しないものに惹かれる。怖いものが好きなのだ。ホラー映画がヒットするのもそこにある。日本に限らず、ヨーロッパでも怪獣（モンスター）であるドラキュラ、ヴァンパイア、狼男、フランケンシュタイン、魔女、ゾンビ、ミイラ男など、怪獣スターが目白押しである。とりわけ、ヨーロッパの一神教文化・キリスト教文化の中で育ったヴァンパイア（吸血鬼ドラキュラ）が有名だ。

　怪獣は世界中で出没している。日本では、昔から多種多様な妖怪がおり、

どうやら怪獣とダブルところも多い。民俗学者がそう主張している。それは多神教世界の文化の深層にあるもので、神様と同じように身近な存在である。幽霊やお化けと妖怪は違うと民俗学者の柳田國男が言っている。ともかく、日常生活の「怖いもの」(都市伝説など)はみんな大好きだ。

ゴジラは日本の妖怪で、日本文化の深層を表現している。太平洋戦争で散った英霊たちの魂の表現で亡霊でもある。製作担当の田中友幸の問題意識にそれが表現されている。音楽担当の伊福部昭にはアイヌ民族音楽の影響がありゴジラの咆哮、独特の音楽で怖さを増幅させている。

つまり、ゴジラは反核の寓話を織り込み、被爆国日本の感情と敗戦のトラウマを表現している同時に、日本の歴史と深く絡んでいる。

ゴジラ誕生と展開

ゴジラ映画には、戦後の日米関係が投影されている。特撮を担当した円谷英二は、アメリカ映画の『キングコング』(1952年)、『原子怪獣現る』(1953年) などの影響があると述べている。アメリカの文化的影響が強く出ている。他方、先に述べた田中友幸プロジューサーの発言は「南半球で眠っていた太古の恐竜が、水爆実験のショックで目長まし、放射能の影響で異常に巨大化した怪物となって東京にやってきたらどうなるか……」というもの。また本田猪四郎監督のヒロシマの原爆体験について述べている。ゴジラと原爆、それは、当時の製作スタッフも共通の問題意識であった。それに、アイヌという先住民族の音楽を取り入れた伊福部昭によって、独自の映像世界が作り上げられた。

ゴジラ映画には、同期の自衛隊が自由に活動している。本来は安保条約があるのだからゴジラとの戦いにはアメリカ軍の支援があってしかるべきである。ゴジラ映画にアメリカ軍の姿はない。だから自衛隊は独力で戦う。頑張っているのだ。

1954年のゴジラ第1作は、多くのメッセージを発している。反核のメッセージ、大西洋に散った将兵の浮かばれない亡霊としてのメッセージ。戦後日本のあり方を問うというメッセージ。第1作は、国会を粉砕することで、政治的混迷を繰り返す政治家への警鐘というメッセージ。国会を踏み潰すが皇居は襲わない。そこに多くの意味が隠されている。

第2作のアンギラスは、東から来た怪獣で、ソ連の核実験やシベリアや中国東北部で無念の死を遂げた死者たちの亡霊を暗示している。ゴジラ映画の初期は、こうしたメッセージを持った映画になっていた。

総攻撃』である。

　3本では少ないと思い時間をかけ調べていくとあの黒澤明監督作品の中に第五福竜丸事件をきっかけに制作した映画『生きものの記録』があることが分かった。

　著作権の問題もあるため「(社)著作権情報センター」に問い合わせたところ、営利を目的とせず無料で上映するもの（著作権法第38条第1項）、また制作されてから相当な年数がたっているものなら問題がないとの返事をいただき実施できることに自信を強めた。

　ところが、問題はNHKの『廃船』であった。NHKの静岡支局に問い合わせたところ、NHKが作成したものをそれ以外の場所で上映することは違法だというのである。しかし、私は当時静岡福祉大学の加藤学長が東静岡のグランシップでNHKの誘いを受け観にいったことを聞いていた。NHKではそういうこともしているのではないかと、問い合わせたところ何故かすんなりと貸してもらえることとなった。NHKのホームページから直接申し込めば買うこともできるらしい。それなら何故大上段に最初駄目だと言ったのか分からない。

　公民館活動である以上、それぞれの決済を取り、実施していく予定だが、公費は使用したくなかったので、『廃船』以外は私費でDVDを購入した。『廃船』はもちろん無料で借りた。これで準備はほとんど出来上がったも同然である。なお、8月6日の広島平和祈念式典に参加したいという個人的な思いがあり、それならこの平和講座に組み込んでみようということで付け加えることにした。以下、次のような日程で計画を進めることにした。

　実施日程
　2008年6月7日（土）第1回……『廃船』上映
　　　　7月5日（土）第2回……『第五福竜丸』上映
　　　　8月2日（土）第3回……『ゴジラ・モスラ・キングギドラ　大怪獣総攻撃』
　　　　8月5・6日（火・水）……「広島平和記念式典に参加しよう」
　　　　8月27日（土）第5回……『生きものの記録』

　それでは、第1回からの実施内容について以下で説明する。

第1回　NHKドキュメンタリー『廃船』上映

　2008年7月5日（土）AM10時より、豊田公民館大会議室、参加者80人

　『廃船』は、1966年3月22日にNHKで放送されたドキュメンタリーである。「廃船」とはもちろん第五福竜丸のことであるが、夢の島に放置されていたのは東京水産大学の練習船「はやぶさ丸」であった。数奇な運命を負った第五福竜丸の変わり果てた残骸であった。すでに第五福竜丸の原型はとどめておらず、

その骨格部分にわずかに残っているだけであった。エンジンの部分は廃船時に買い取られ貨物船「第三千代丸」に搭載されていたが、この船は三重県熊野灘沖で座礁、沈没した。このドキュメンタリーが放送された時点では、エンジンは海底に沈んだままとなっている。現在、第五福竜丸展示館に展示されているエンジンは、1966年12月に民間人により海底から引き揚げられたものである。

　ドキュメンタリーが製作されたころは、米ソ冷戦時代であり、また55年体制といわれる政治の流れの中で、原水協、原水禁といった反核平和運動に第五福竜丸（はやぶさ丸）は利用されてしまっていた。その最中に、NHKが3年かけて取材し放送された。あの水爆実験「ブラボー」に遭遇していなければ夢の島に捨てられることもなかっただろうと思うと、核兵器の廃絶を求める象徴を担ってしまったことはしかたのないことだろう。当時その保存について、『朝日新聞』の投票欄で「沈めてよいか第五福竜丸」と訴えた青年の気持ちは、政治的意図のあるなしにかかわらず理解できるものである。

　ドキュメンタリーの中で、私が最も関心を持ったのは、政治色に偏らず「無色」でその保存に奔走する若者たちの姿が描かれていたことである。その若者たちは、焼津市で何とか保存できないかとアパートを借りて、泊り込みで精力的に行政などへ訴えかけている。しかし、当時の焼津市では焼津漁協が大きな力を持っていた時代である。事件後まだ15年しか経過していない中では、焼津にとっては負の遺産であるこの事件のことについてはできるだけ触れたくなかった。また多くの漁業関係者がこのことで風評被害を受けた苦い経験を持っていた。平和の希求という思いや理想が理解されるような環境は残念ながら焼津市にはなかったのである。現在に至るまで第五福竜丸のことについて焼津市民が余り関心を持たないのは、そういう面をひきずってきている影響が大きいためであろうといわれている。

第2回『第五福竜丸』

　2008年7月5日（土）AM10時より、豊田公民館大会議室、参加者80人

　この映画は、第五福竜丸事件を新藤兼人監督が比較的事実をもとに忠実に再現した1959年の作品である。1954年3月1日の水爆実験で被曝し、3月14日に帰港した第五福竜丸は、16日に『読売新聞』にスクープされ、全国に大きな衝撃を与えた。同年、9月に人類で最初の水爆実験の犠牲者となった久保山愛吉さんの死までを描いたものである。当時の焼津が撮影現場になっており、事件後からまだ5年しか経過しておらず、事件当時に近い焼津の姿が映像として残っていることでも興味深いものがある。新藤監督は、限られた予算の中でこの映画を製作し、最後は宿賃を払えず、逃げるように宿を引き払っていったという話が残っている。映画『原爆の子』（1951年）を製作した自主制作映画の先

駆者である新藤監督のこの事件の映画化への重いが伝わってくる事実だ。
　当時の『読売新聞』の記事に対して、事実とは違っていると主張している人たちが存在する。それは帰ってきた夜、乗組員が放射能の灰をつけたまま夜遊びにでかけたようなことが記事にされているからである。「ビキニ市民ネット焼津」のメンバーの多くもそのようなことはなかったのではと主張している。私もメンバーだが、そのことについては異論を持っている。乗組員のほとんどは20代の若者たちである。多かれ少なかれ新聞記事のほうが自然である。当時からすでに50数年経過しており、乗組員を含めた関係者の記録も薄れており、さまざまな面で事実確認の調査と資料の保存が急務になっている。

第3回『ゴジラ・モスラ・キングギドラ　大怪獣総攻撃』

　2008年8月2日（土）AM10時より、豊田公民館大会議室、参加者72名
　ウィキペディアの文章をそのまま引用すると「ビキニ環礁での核実験と、第五福竜丸の被曝事件（同年3月）が社会問題となっていた。これに着想を得た田中は、『ビキニ環礁海底に眠る恐竜が、水爆実験の影響で目を覚まし、日本を襲う』という特写映画の企画を立てた」とある。東宝の田中友幸プロデューサーは、事件の直後の1954年に『ゴジラ』を製作している。その後、怪獣ブームに乗り、さまざまなゴジラシリーズが作られたが1954年の作品を第1話とするなら2001年に上映された『ゴジラ・モスラ・キングギドラ　大怪獣総攻撃』は、その続編（第2話）といってもよい設定になっている。このゴジラはいみじくも焼津に上陸するのである。
　当時、東宝は焼津市に協力要請したらしい。しかし、当時の焼津市は理由は知らないが、それを断ったようだ。その影響かどうか、ゴジラは第五福竜丸の母港ではなく、小川港に上陸している。そして何故か小川漁港の事務室に第五福竜丸展示館のポスターが貼ってあるシーンがある。これはなんとなく情けない話であるが、東宝がゴジラがゴジラと第五福竜丸と焼津市との関係性を強く意識していたからに他ならない。全面的に協力していれば、焼津のよい宣伝になったであろうに。

中止となった第4回。「広島平和記念式典に参加しよう」

　8月6日は、広島に原爆を落とされた日であり、そのため「広島平和式典に参加しよう」と題して、5月5日から6日にかけて車内泊の強行軍でのバスツアーを企画し応募した。車内泊としたのは公民館事業としての参加費を多く取れないからである。しかし、応募者が少なく断念せざるを得なかった。それでも、10名ほどの参加申し込みをいただいたことには救われる思いであった。もともと実行できないかもしれないという覚悟の上での募集であったが、これを

実施するに際しては上司（当時の教育長等）に説明を求められ、かつ公民館運営審議会の許可を取るよう指示された。当時は、地域の住民で作られていた公民館運営審議会の委員は、私の企画に対して好意的に捉えてくださっていた。このことについてもよいことだと応援していただき非常に感謝している。

　結果的に実施できなかったが、私個人としては式典に初めて参列した。そこには世界中から平和と核の廃絶を求める様々な人々が集まっていた。中には、自治体が市民を募集し、1泊2日で参加しているところもあった。私は改めて平和の大切さと焼津市の取り組みの遅れを身体に感じとってきた。

　また、「ビキニ市民ネット焼津」からの広島平和文化センター理事長スティーブン・ロイド・リーパー氏への親書も届けた。リーパー氏は前年の8月30日に焼津市福祉総合会館での講演を「ビキニ市民ネット焼津」主催で行っていた。

　ところで、現在、焼津市平和賞選考委員となっているスティーブン・ロイド・リーパー氏の父親ディーン氏は、1954年9月26日の台風によって座礁・沈没した洞爺丸に乗船していたアメリカ人宣教師だった。1100名以上の乗客が死亡した大事故だったが、ディーン氏ともう一人のカナダ人宣教師が救命胴衣を他の日本人に譲り亡くなった。この行為は多くの人々に感動を与え、三浦綾子の小説『氷点』にも取り上げられている。ディーン氏33歳、スティーブン氏7歳の時のことだった。

第5回『生きものの記録』
　2008年9月27日（土）AM10時より、豊田公民館大会議室、参加者不詳（記録が残っていないため）
　1955年の黒沢明監督作品である。事件を受け構想を練った後製作された。黒澤明は、この作品を作った理由をこんな風に書いている。

　　『七人の侍』をやっている時、
　　「こう生命を脅かされちゃ仕事はできないね」と早坂が言い出した。
　　彼は大変病弱で、いつも死に直面しているような身体だったし、
　　気持ちの方も絶えず死をみつめているような人だった。
　　その彼がビキニの原爆のニュースを聞いてこういうこと言う。
　　僕はドキッと来たね。つぎに会ったとき、
　　おい、あれをやるぜ、と言ったら早坂は驚いていた。
　　そんな風に始まったのです。
　　これをやるということになった時、周りのひとから、
　　風刺的にやるとか、変わったアングルからやってはどうかと言われた。

> 現代的課題としての平和講座（第1回）
> # NHKアーカイブス「廃船」上映
>
> 焼津船籍のマグロ漁船第五福竜丸は1954年3月1日未明、太平洋のビキニ環礁で行われたアメリカの水爆実験で、「死の灰」を浴び、乗組員23人が被爆した。その中で無線長の久保山愛吉さんが半年後に亡くなった。この事件は、国内外で大きな闘心を呼び、世界を原水爆禁止運動へと動かしていった。しかし、それから15年後（1969年）、第五福竜丸は廃船となってしまう。船の数奇な運命と、その保存を巡り揺れ動く人々の姿を、当時の平和運動の現実と絡ませながらNHKが3年かけて取材し、描いた壮大なドキュメンタリーである。（初回放送日：1969年3月22日）
>
> **このドキュメンタリーを通し、平和都市宣言を発した私たち焼津市民は、第五福竜丸事件を歴史に封じ込めることなく、自ら世界に発信して行かなくてはならないことを知ろう！**
>
> 上映日時　平成20年6月7日(土)
> 　　　　　午前10時より上映(受付：午前9時半より)
> 会　場　焼津公民館大会議室
> 参加費　無料
> 申込先　焼津市豊田公民館
> 電　話　054-627-7310
> 定　員　150名（申込み順）
> 主　催　豊田公民館
> 協　力　NHK静岡放送局

> 現代的課題としての平和講座（第2回）
> # 映画「第五福竜丸」上映（昭和34年作品）
>
> 監督：新藤兼人　　出演：宇野重吉、乙羽信子
> 1 上映日時　平成20年7月5日(土)AM9：30～
> 　　　　　　受付：午前9時より
> 2 会　場　豊田公民館大会議室
> 3 参加費　無料
> 4 申込先　焼津市豊田公民館
> 　　　　　Tel.054-627-7310
> 5 定　員　150名（申込み順）
> 6 主　催　豊田公民館
>
> ◎この映画は昭和29年3月1日に起きた焼津船籍の第五福竜丸が被爆した事件を比較的忠実に再現したものです。新藤監督はこの作品をとして、核兵器の恐ろしさ、そして人類で最初の水爆実験の犠牲者となった久保山愛吉さんへの思いを伝えています。
> ◎私たち焼津市民はこの事件を忘れてはいけません。また、無関心でいることも誤りです。焼津市は平成7年に平和都市焼津宣言を発しています。常に平和について積極的に考えて行かなくてはならないと思います。
> ◎また、この映画には約50年前の焼津港や市役所、焼津の町並み等懐かしい映像が使用されています。50年前の焼津市を知る上で、また懐古する上でも良い作品です。

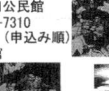

　　だけれども、僕としてはやっぱりストレートに、
　　真っ向からいくやり方をとるのが最もいいと思ったんだ。

　黒澤作品としては地味なものだが、三船敏郎が主演する主人公中島喜一郎老人の水爆への恐怖、それを妄想としか思えない家族や親戚が非常に対比的に描かれている。鋳物工場を経営する中島老人は、アメリカの水爆実験を知り、その恐怖におののき、資金を全て売却し安全と思われる南米へ家族を引き連れて移住する計画を立てる。それを必死に食い止めようとする家族や関係者。核兵器の恐怖と家族の反対で追い詰められた中島老人は、ついに自分の工場に火をつけ狂ってしまう。精神病院に入院した中島老人は病室の窓から見える夕日を見て「燃えとる！燃えとる！ああとうとう地球が燃えてしまった！」と叫ぶ。
　核兵器の真の恐ろしさを直感的に感じ取ってしまった人間と、それには鈍感で自分の利益だけを追求する周囲の人間たち。正にストレートな問題提起である。今なぜ核の廃絶を叫ばなければならないのか。国家の抑止力ではなく冷戦の終了から始まったテロリズムへの脅威を感じている私たちは、今、主人公中山喜一郎と同じ思いに立たされている。

最後に

　この私の平和講座に常に参加してくれている方が少なからずいたことは大変

特別章（2）　現代的課題としての平和講座

うれしかった。小さな公民館から平和の発信などできるはずがないと思うかもしれない。社会教育課内部でもと豊田公民館の平和講座に対し疑問視する声があった。しかし、参加してくれた方たちが少しでも平和や核兵器の廃絶に対して何らかのことを感じ取っていただけたならそれは成功であったと思う。

　平成7年10月20日に焼津市では「平和都市焼津宣言」が議決された。その中に第五福竜丸事件という痛ましい過去がある焼津に住む人たちは、このような惨禍が二度と起きないよう、広く世界の人々に訴えていく務めがあるとしている。焼津市民にとって平和の発信は務めであることを忘れてはならない。

特別章（3）
港で見るモダンアート展
「1954 Bikini Means いのちの黙示録」（第2期／2007〜2008）

2007年8月25日（土）〜9月1日（土）
「焼津旧港ありがとうウィーク」でオールナイト展示（焼津旧港魚市場）

2008年8月30日（土）・31日（日）
「焼津流 平和の作り方」で屋外展示（焼津旧港前スペース）

〈2007年モダンアート展・エントリー作品〉

07-01　　　　　　　　　　　07-02

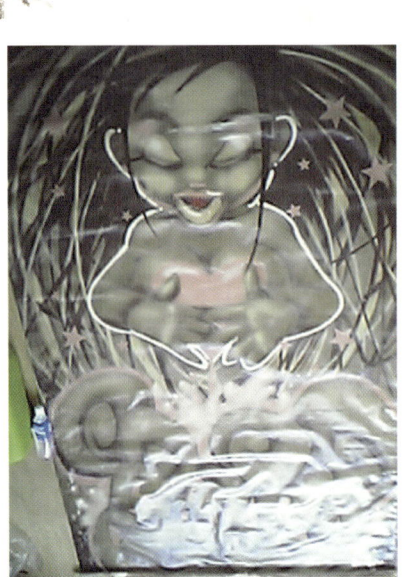

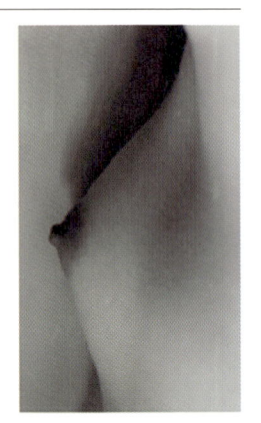

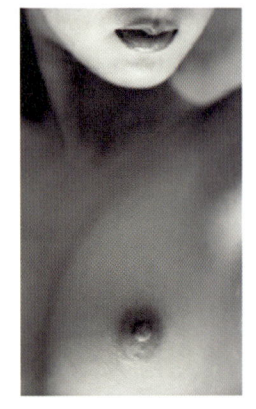

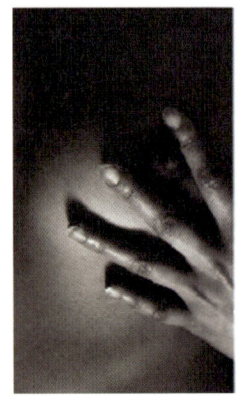

特別章（3）　港で見るモダンアート展「1954 Bikini Means いのちの黙示録」

07-06

07-03

07-04

83

07-05

特別章（3） 港で見るモダンアート展「1954 Bikini Means いのちの黙示録」

07-08

84

07-07

特別章(3) 港で見るモダンアート展「1954 Bikini Means いのちの黙示録」

戦場のねこ地雷の上でおおあくび
　　遊んで食べてあとは寝るだけ

祖母たちの銀の涙を踏み台に
　　金のいのちを縫いつなぐわれ

南国の三角兵舎の前に立ち
　　壁に吸われしきみの声、聞く

ふたたび、
サンリヒコったちへ。

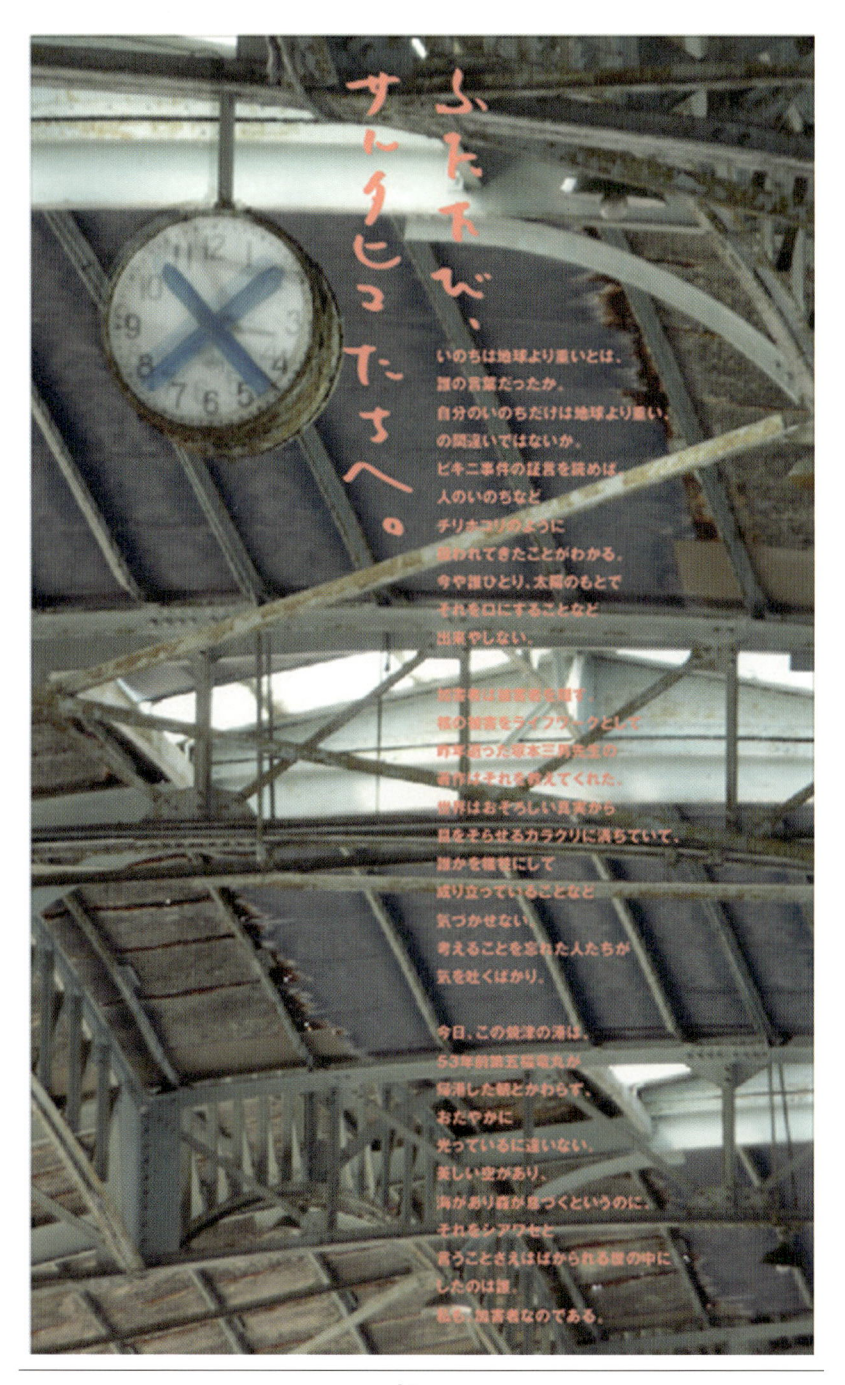

いのちは地球より重いとは、
誰の言葉だったか。
自分のいのちだけは地球より重い、
の間違いではないか。
ビキニ事件の証言を読めば
人のいのちなど
チリホコリのように
扱われてきたことがわかる。
今や誰ひとり、太陽のもとで
それを口にすることなど
出来やしない。

絶望者は絶望者を消す。
私の読書をライフワークにして
若年逝った坂本三男先生の
言葉がそれを伝えてくれた。
世界はおそろしい真実から
目をそらせるカラクリに満ちていて、
誰かを犠牲にして
成り立っていることなど
気づかせない
考えることを忘れた人たちが
気を吐くばかり。

今日、この焼津の海は、
53年前第五福竜丸が
帰港した朝とかわらず、
おだやかに
光っているに違いない。
美しい空があり、
海があり音が息づくというのに、
それをシアワセと
言うことさえはばかられる夜の中に
したのは誰。
私も、加害者なのである。

07-09

07-12

特別章（3）港で見るモダンアート展「1954 Bikini Means いのちの黙示録」

07-14

07-17

特別章（3）港で見るモダンアート展「1954 Bikini Means いのちの黙示録」

07-15

07-16

特別章（3） 港で見るモダンアート展「1954 Bikini Means いのちの黙示録」

07-18

〈2008年モダンアート展・展示準備の様子〉

特別章（3） 港で見るモダンアート展「1954 Bikini Means いのちの黙示録」

特別章（3）
港で見るモダンアート展
「1954 Bikini Means いのちの黙示録」（第2期／2007～2008）

秋山博子（実行委員）

　第五福竜丸が帰港した焼津港を大きなギャラリーに見立ててスタートしたアート展は、2004年から港が解体される直前の2007年、そして解体された後の2008年まで、5年にわたって開催してきました。本書では、2007年・2008年のエントリーを第2期として報告します。

〈エントリーとプロフィール〉
2007
　2006年から2007年は、焼津旧港を解体しようという動きに合わせ、保存活用の署名活動やライブイベントなどを展開していました。この頃、かまぼこ屋根の山並みのように連なる曲線や骨組みの錆びた鉄は、いっそう美しさを増していたように感じます。朽ちて、まもなく消えてしまうかもしれないものへの感傷が少しはあったかもしれませんが、確かに美しかった。丸柱をモニュメントとして一本だけでも残せないか交渉したものの、技術的には可能だけれど時遅し、と断られ、あきらめざるを得ませんでした。2007年アート展の作品のいくつかは夜中の大シケに飛ばされ、そして解体しはじめたかまぼこ屋根と運命をともにしていきました。

07-01
大塚抄子（おおつか しょうこ）
「五位鷺（ごいさぎ）が我家にほんのしばらくの間いた。」
●息子が幼い頃、ひからびた蛇や生蛇などを家に連れてきた。大人になって今度は台風で壊れた巣から落ちた、五位鷺（ごいさぎ）の雛を連れてきた。だんだんと自分で餌も食べられるようになり、彼は自分の小さい体の何倍もの翼を広げ、ベランダの鉢から鉢へ移ったりするようになった。緑の葉っぱをつぶさないでね、と鉢の緑を気にしながらも、ああ、もう明日は飛び立って、いないかもしれないと思っていた矢先、鉢のそばで、動かなくなっていた。まだ小さいまま、産毛をつけたままで──。「これも野生の摂理ですよ」と野鳥の会の新井さんが言った。しばらくの間、いっしょにいてくれて、ありがとう。＊1950年、京都生まれ。成安女子短期大学意匠科卒。焼津市在住。（2008年10月8日逝去）

07-02
無学点晴（むがく てんせい）
「無題」
＊フリーカメラマン。1954年生まれ。白黒写真を中心に作品を撮っています。

ホームページ：http://tensei.bsbean.com/　E-mail：tensei.m@d5.dion.ne.jp

07-03

小畑幸治（こはた こうじ）
「法号庵の閻魔像」
●高さ1.5m。元禄14年（1701）吉良長吉義は赤穂浪士に討たれたが、その家臣が流浪の末、地蔵堂の堂守となり、先主や同志の霊を祀るため、閻魔像を作ったと伝えられている。地蔵堂は村松自転車店の前にあったが、県道拡幅のため解体され、閻魔像は法号庵に移された。大漁祈願の信仰がある。
　見ず知らずの侍を村に住まわせた村の衆、同志の霊や村のために残した閻魔像。未だ焼津市の記念物にもなっていない閻魔像、そろそろ村の宝、地元焼津の宝物として認知されてもいいのではないでしょうか。
＊となり村・坂本の小畑幸治51歳。山の手地蔵の水田の1/4を借りて、酒米「山田錦」「コシヒカリ」を栽培しています。

07-04

ホクレア号焼津寄港を喜ぶ会／moco
「ヤポネシア フリーウェイ」（illustration アキノイサム）
●ホクレアとは、牛飼い座の主星（全天でシリウスに次ぐ明るさを持つ）の名前で、何でもハワイの真上を東西に動いている星だそうだ。この星の名を、乗り込むカヌーの名に頂き、星と海流と風だけで航海して、この度、ハワイからヤポネシアへ来ようというカヌーの名前だ。ナイノア・トンプソン率いる10名余りのクルー達によって、この航海は実行されようとしている。（ホクレアとはハワイ語で喜びの星という意味）
　50年余り前から、西欧米諸国の核実験の場のひとつ、ミクロネシア、ビキニ、マーシャルの島々と人々の海を航海し、パラオ、沖縄、長崎、福岡、山口、四国宇和島、横浜、ヤポネシアを巡る予定だ。この予定は未だ予定のままだが、とにかくハワイ・ヤポネシアの航海のロープは解かれるのだ。その航海をするカヌーの名前がホクレアと言うわけだ。広島を第1回めの核実験と呼ぶ人もいる。考えてみれば、戦後60年は核と核被爆の時代と同時に経済成長の時代とも言える。経済成長とは、言い換えれば戦争と自然破壊ビジネスとも言える。非核平和環太平洋の希望の風に吹かれて、カヌーはやって来るのだ。朝の方向に旅立ち、昼の方向を通り、カヌーはやって来る。ヤポネシアへ。
　太平洋の核実験、核被爆の話題は50年余りの間、ほとんど封印されてきた。広島・長崎の平和セレモニーの影とされてきた。今その封印は解かれるのだ、そのように願いたい。六ヶ所再処理ビジネス・ストップということは、どういうことか、6000kmとも7000kmともいわれる命がけのホクレアの航海を機に、各々の心に今一度おもいあらためてもらいたい。
　僕らはもう一度、タロイモとヤムイモの道を生きていることを思い出す。太平洋に繰り返された核実験、そしてそこに住む人たちは実験動物であったと、人々は気づき

出したのだ。日本国においては核だけでなく、経済成長の実験動物なのだ。そして闘いは今も世界中で毎日続いている。ホクレアはそのような風に吹かれてやってくるのだと思う。しかし何よりもホクレアを旅させるのは、太平洋の愛だ。

　ホクレアを前に、六ヶ所再処理工場ビジネス、憲法改悪を前に LOVE & PEACE を僕らの心の中にはっきりと決意をもって問われなくてはならない。上関原発を作らせてはならない。焼津からの平和の願いをしっかりと太平洋非核の輪の内へ届けなくてはならない。プルサーマルを許してはならない。世界で最も危険な場所に立つ浜岡原発を一日も一刻も早く止めなくてはならない。

　　つながろう　虹のヤポネシア
　　祓いたまえ　清めたまえ
　　わだつみのかむながら
　　まもりたまえ　みたま
　　さちはえましませ

07-05
「漁港の人々（1977年作）」
●焼津の朝は魚市場から始まるといってもいい。魚の売買に競り合う声、出入りする船の音、朝日の中に鮪を引き回す人々。何か始まろうとしている舞台と同じ、この焼津にしかないドーム型の天井、船。市場の音響が耳にも残る風景だ。まもなく消える市場を、この版画に託していつまでも飾っていたいと思う。
＊制作者：浦田周社（うらた　かねたか）1939年、静岡市昭和町に生まれる。58年、静岡高校卒業、家業の浮世絵師「版隈」を継ぐ。
＊出品者：清水勲（しみず　いさお）焼津市在住。焼津南ロータリークラブ会員。浦田氏とは静岡城内中学の同級生。

07-06
SHIRO（シロ）
「DRIP OF LOVE」
●たくさんの人からあふれる愛をもらって今日まで絵を書いています。その愛のしずくをあなたにも☆ THANK YOU, EVERYBODY……
＊グラフィティアートを始めて今年で10年目。日本・アメリカ・ヨーロッパ、世界に壁画の足跡をくっつけて旅をしています。ART IS MY LIFE. GRAFFITI IS DELIGHT! www.bj46.com

07-07
多々良栄里（たたら　えり）
「新しい人」
●8月6日の広島、平和公園の原爆死没者慰霊碑の前でじっと目を閉じて立っていた少年。去り際に、何をしていたのか尋ねたら、「想像していたの」という答えが返っ

てきた。
＊1969年生まれ。静岡市出身。フォトグラファー
2000年２月　酒田市土門拳文化賞奨励賞「松下君の山田錦」30枚組
2000年４月　全国公募写真展視点奨励賞「ホームタウン」
2000年11月　個展「松下君の山田錦」（コニカ・フォト・プレミオ）
2001年４月　全国公募写真展視点奨励賞「ご近所」
2005年10月　「おばあちゃん劇団ほのお　大石さきと愉快な仲間たち」出版（新風舎
　　出版賞ノンフィクション部門優秀賞）
E-mail：tatarado@nifty.com　　URL：http://homepage1.nifty.com/tatarado/

07-08
SEELA（シーラ）
「魂の進化」
＊1980年焼津に生まれ、焼津に育つ。高校時代にグラフィックアートに夢中になり、大学時代には作品にあるメッセージにこだわった。そして、写真との出合いによって、作品に対するメッセージがより深いものへと進化していくことに気づいた。最近パパグラファーになり、写真に込めるメッセージが柔らかくなった気がする。

07-09
原崎宗典（はらざき　むねのり）
「human being」
＊1963年、静岡県焼津市生まれ。ローマ写真スタジオ代表（焼津市）、国画会々友、日本肖像写真家協会々員

07-10
鈴木そなた（すずき　そなた）
「そらの冠」
＊歌／鈴木そなた、職業／コピーライター、出身／静岡市
＊デザイン／伊藤康子、職業／広告デザイナー、出身／静岡市

07-11
秋山博子（あきやま　ひろこ）
「ふたたび、サルタヒコたちへ」
●猿田彦大神は焼津ではお面さん。この神様は二つの価値観を結ぶという属性を持っているらしいのです。右と左、白と黒、聖と俗を結んで、新しい世界を開く、そういうサルタヒコ的な人間が多い町ほど、人は生きやすく、いのちにやさしい町なのだろうと思います。すべてのいのちが喜べる町になりますように。
＊言葉／秋山博子　焼津印研究所、ビキニ市民ネット焼津、焼津旧港の活用を考える会
＊デザイン／伊藤康子：広告デザイナー（静岡市）

＊写真／河田透：静岡県立大OB（2012年現在名古屋在住）

07-12
山口敬三（やまぐち けいぞう）
「無題」
＊1949年北海道北見市生まれ。武蔵野美術大学デザイン科卒業。在学中より写真家操上和美氏に師事、1974年独立。現在に至る。

07-13
山口有一（やまぐち ゆういち）
「無題」
＊1978年生まれ。BRAINS 山口敬三写真事務所（2012年現在独立）

07-14
原木雅史（はらき まさし）
「暢適──ちょうてき」
●心がのびのびとして楽しむ事。
＊2005：個展「流転輪廻」アートカゲヤマ画廊、TOKOHA CG ART 展入選
＊2006：グループ展「アーティストたちのTシャツ展」ギャラリー未来、モダンアート2006・2007出展

07-15
繁田浩嗣（しげた ひろつぐ）
「寒い中、生きている」
●アラスカ北極圏に横たわるブルックス山脈の山間に、イニュパックエスキモーの村があった。「anaktuvuk pass」。彼らは、年に2回その土地を通り過ぎてゆくカリブーを狩り、主にその肉を食べて生きている。橇をひきながら原野を歩いて一週間ほどたったときだったか、僕の目の前に一匹のカリブーの子供が現れた。じっととまってこちらを見つめている。一体、どれだけの時間が流れただろうか。何十キロと誰もいない、北の原野のまん中で。脅えを隠した彼の目に、生きることの厳しさを感じた。
＊1984年生まれ、静岡市出身、05静岡大学卒。在学中から毎年アラスカを旅し、カリブー（北米トナカイ）や現地に住む人々の写真を撮影。現在はフリーペーパー「すろーらいふ」を発行中。将来の夢は学校を作ること。

07-16
吉田勝次（よしだ かつじ）
「市場の印象」
＊1936年生まれ、土着の焼津っ子です。写真歴は39年。小さなカメラ屋を営んでいます。

07-17
村松久嗣（むらまつ ひさし）
「ビーハッピー！　ココナッツガール」
●猛暑が続いたり突然の雷と夕立があったり、2007年はほんと、夏らしい夏でした。そんな中、ノリノリのレゲエを聴きながら感じたハッピーな気分をクレヨンで描いた作品です。ここ何年か、焼津祭りは普段、仕事やプライベートでもお世話になっている写真家の原崎さん（ローマ写真館）の撮影アシスタントとして参加させてもらっています。そこではいつも焼津のソウルを感じます。今年は流鏑馬の撮影を担当しました。神様を中心にみんなが力をあわせて、あんえとんのかけ声ひとつでつながってく感じがいいなって思ったりします。で、気づいたらもう仲間、みたいな。じゃ、また来年っ！　なんていう、フランクな約束も嬉しく、夜のビールがうまい焼津祭り。いつでも仲間がいて、仲間が仲間を呼んでくるふるさと。ここで生まれてここで生きてることを思い切り楽しみたいから、これからも地元で感じたいことを大切にして、焼津でやったら面白いことを見つけていきたいなぁと、そんなふうに思っています。
＊静岡県焼津市生まれ。2002年名古屋芸術大学デザイン科卒業　2004年よりライブペインティング作品を中心に制作を開始。地元テレビ局・広告会社を経験後、現在フリー。地元焼津を拠点にグラフィックデザイナーとして活動中。
2004年　個展：White palette（Kinky/焼津）　焼津駅北口のショットバー「kinky」にてドローイング作品を展示。
2005年　ライブペインティング：Love surf（BBB/静岡）　オーガニックレストラン「Life」オープニングイベントにて、ライブペインティング。
2006年　個展：dollgantee Red stage（HAYATO NY/東京・青山）赤で統一された切り絵調のグラフィック作品約30点を展示。
2007年　企画展：Monster dog ぬりえコンテスト（藍画廊/焼津）オリジナルイラストをぬりえにした参加型のイベントを企画。応募作品を画廊で発表。
2007年　ライブペインティング：けやきクリエイション（けやき通り/静岡）けやき通り発展会主催イベントにてライブペインティング。　など

07-18
杉山安代（すぎやま やすよ）
「夏の一日」
●「笑顔であれ!!　やさしくあれ!!」そう思い、描き続けていけたら私は"しあわせ"だ。
＊旅館業としてサービス、おもてなしの心を、本当に大勢のお客様から教えていただきました。母として女将として25年。あっという間に過ぎて、50歳になってしまいました。今の私のモットーは「体が元気なら心も元気！」。これからも笑顔でイイ年をとっていこうと思う。

2008

　解体され、まるはだかになった焼津旧港でしたが、2008年は、トロ箱にコンパネを挟んで立てるといういかにも焼津らしいパネルを準備しました。青空の下、「焼津流、平和の作り方2008 with トロ箱ライブ」のプログラムとして、アート展を開催することができました。5年にわたるプロジェクトは、ここで一旦お休みとしました。焼津旧港にまた丸柱が屹立したとき、再開したいと考えています。

08-01
大川鉄男（おおかわ　てつお）
「花火」
●空には、原爆でも空爆でもなく。
＊焼津市一色在住

08-02・08-03
moco（モコ）
「友達と」「花」
＊焼津市在住。ヤポネシアフリーウェイ

08-04
杉山安代（すぎやま　やすよ）
＊焼津市「三福旅館」女将

08-05
大塚抄子（おおつか　しょうこ）
「殿様蛙」
●我が家に遊びに来たトノサマガエルです。最近、川がコンクリートで固められて急速に観られなくなりました。名前は殿様ですが、吸盤もなく、水辺と陸の両方の環境の変化にたいへん弱い蛙です。
＊1950年、京都生まれ。成安女子短期大学意匠科卒。焼津市在住。（2008年10月8日逝去）

08-06 特別展示
石田徹也（いしだ　てつや）
「無題」×「まっしろ船くんへ」
＊1973年、焼津市生まれ。武蔵野美術大学視覚伝達デザイン科卒。毎日広告デザイン展第一部門優秀賞ほか、受賞多数。2005年5月23日逝去。
　（石田徹也さんに、焼津で「いのちと平和」をテーマにしたモダンアート展をやります、出展しませんか、と声をかけたのは2005年はじめの頃でした。オッケーの返事をいただき「ヨーロッパのアーティストにも呼びかけてみる」と企画書を持って、彼

は東京に帰っていきました。不慮の事故があったのはそのすぐ後。2005年の出展は、お父様のご厚意で実現しました。そして2006年、小学生のときに石田徹也さんが書いた、ビキニ事件についての作文が、遺品の中から見つかったとご連絡をいただきました。実行委員会では、「無題」×「まっしろ船くんへ」を、永久欠番として毎年このモダンアート展「1954 Bikini Means いのちの黙示録」で、皆さんに見たいただくことにしました)

08-07
ムラマツヒサシ&柴切重行
「ブラボー？？？」
●1954年、2ヵ月半にわたってアメリカによる水爆実験がビキニ環礁で行なわれた。キャッスル作戦と名付けられ、その最初の実験で第五福竜丸を含む2万人が被曝。広島に落とされた原爆の1000倍の威力を持つ「ブラボー」という爆弾によるもので、爆撃機に搭載可能な小型の水爆の完成を祝って、この名前が付けられたのだろう。政治という名を借りた支配者サイドと、そこに暮らす人々との、命に対する温度差はいかがなものか？　原子力発電所もありえないよね。
*ムラマツヒサシ：1979年焼津市生まれ。2002年、名古屋芸術大学卒業、2006年からフリー（AKCデザイン）。
*柴切重行（しばきり　しげゆき）：蒲原生まれ。電気通信大学卒業後、放浪、後に主にビジュアル系。最近はしばらくおろそかにしていた染めものに重心を移動中。(2012年現在東南アジアへ)

08-08
秋山博子（あきやま　ひろこ）
「世界への一歩」
*1957年焼津市生まれ。(2011年2月から焼津市議会議員)

08-09
小畑幸治（こはた　こうじ）
「Mt. 高草せせらぎ公園の紅葉」
●高草山の茶畑が荒れています。人の手が入ってこそ守れる里山の自然「春夏秋冬」。
*1956年焼津市生まれ。稲作専業脳化、高草山土着民。大自然から生まれる詩、メロディーメーキング。「里山と海は恋人同士」が信念。

08-10
無学点晴（むがく　てんせい）
「春2 your spring」
●すべての人々の幸せは平和のもとに成り立ちます。今この日本の平和は大きな犠牲のもとに成りたっていることを忘れては、いけない。

＊フリーカメラマン。1954年生まれ。白黒写真を中心に作品を撮っています。
ホームページ：http://tensei.bsbean.com/　E-mail：tensei.m@d5.dion.ne.jp

08-11
SEELA（シーラ）
「つなぐ。」
●自分が存在するということは、家族があるから。そうしてつながってきた。そして、そうつながってゆく。平和への願いも、そうつなげてゆく。
＊焼津生まれ、焼津育ち、28歳。デザイナー＠カタチグラフィックス　写真が好き。音楽が好き。夜行性、草食動物。

08-12 特別展示
ロバート・キャパ　Robert Capa
「焼津の漁夫」
＊アメリカ人。1913年ブダペスト生まれ。1954年インドシナにて没。
●スペイン内戦、日中戦争、第二次世界大戦、イスラエル独立戦争と、戦闘の最前線を行き、当時「世界一の戦争写真家」と評価されていた。昭和29年に初来日。当初、焼津に寄る予定はなかったが、ビキニ事件があったため、氏のたっての希望で来焼。その際、焼津港で撮影した一枚。頭のタオルの巻き方から、四国あるいは九州出身の漁師ではないかと思われる。来日中に「ライフ」誌が契約していたカメラマンの休暇の代理として、インドシナの取材を依頼され、5月25日、現地で地雷に触れて死亡。再来日を約束していたらしい。「ロバート・キャパ　戦争写真家　現在失業中」という」名刺をつくり、弟コーネル・キャパには、「死ぬまで"失業した戦争写真家"でいたいと」ともらしていたという。
出展者：イケガヤカツヒコ
　ロバート・キャパのことを調べたくなって、来日当時の「カメラ毎日」を毎日新聞で見たときに見つけた写真です。他の焼津の写真と比べると、写真展に出る機会は少なかったようです。「ロバート・キャパ全写真展」が開催されたときも、この写真は入っていませんでした。弟さんとしては、代表作として残したいほどの作品ではなかったのかもしれません。私が焼津の人間だから惹かれるのかもしれません。キャパは、港にあった消防署の火の見やぐらに特別に許可をもらって登ったり、久保山愛吉さんのお宅に訪問したりしたそうですが、その写真も発表されていません。シャッターを切らなかったのか、切ったけど、納得する写真ではなかったのか？

第6章　焼津平和賞を提唱する

　2009年9月の政権交代は地方政治にも大きな影響を与えた。焼津市では前年の暮れに市長選挙が行われ、戦後初めて非自民党系の市長が誕生した。これに先立ち、市会議員から県会議員に転出したメンバーの大塚善弘から、選挙に際して「焼津平和賞」をマニフェストの一つに入れるべきだとの提案があった。

　この問題について「ビキニ市民ネット焼津」は幾度も討論を繰り返した。はじめは、ネガティヴな意見が多かった。平和賞自体がいかがわしく、焼津市で平和運動となるとどうしても原水協や原水禁で活動している人が前面に出てきて、また、昔の亡霊が徘徊するのではという意見が多かった。とはいえ、自治体が独自で平和政策を打ち出し、焼津市がさらに飛躍するためのひとつの試みかもしれないということで意見が一致した。

　そこでその時の討論内容を紹介して「焼津平和賞」の意味と目的、その施行状況を報告する。

　以下は、「ビキニ市民ネット焼津」がこの問題について何度も討議した内容が中心になっている。本章では文中の敬称は省略した。

なぜ平和賞なのか？

　焼津平和賞を提唱し、清水泰市長とメンバーが会見していろいろ話してきたが、やはり全体の位置づけがまだ不十分だ。そこで私たちは、もっと広い観点で、そもそも平和賞とは何だという次元から調べてみる必要がある。
● ビキニ事件（第五福竜丸）のことだが、これまでこの焼津市で56年もいろいろな運動を行ってきたが、焼津市外で論じられたことはない。東京に第五福竜丸展示館があり、その活動は多彩だが、従来の平和運動の色が強いとして焼津市民の多くが拒否するという空気もある。

　これまで第五福竜丸展示館と焼津市との関係もそれほど良くなかった。資料問題でもめたこともある。昔の歴史体験の結果だが、その枠組みを突破するには、平和賞を創設して全国化するのもひとつの方法だ。
● そうすると、焼津平和賞は焼津市の広報的戦略として位置づけるのか。
● 広報は重要だ。焼津市の清酒「磯自慢」（2007年の洞爺湖G8サミットでの

乾杯酒で全国的に知られるようになったが、それ以前から通の間では、幻の酒として有名だった）は、はじめは、田舎の酒ということで、地域から販路を拡大できなかったが、東京で売り込んだことで知られるようになった。そういう意味で焼津の第五福竜丸も、56年前は、町をあげて平和について論じ、運動を行ってきた歴史的体験を持っているが、世代が代わり、いまでは皆も知らないふりをしている状況だ。現に、まったく知らない人も増えている。そういう点で、この事件を今一度広めるために必要ではないかと思う。

●もう一つ、この町が戦後平和運動の源流に位置してということが重要だ。かつての第五福竜丸事件では、大井川吉永村で反対署名運動が起こったり、焼津市の中学校教師たちが様々な反核・平和運動が行っていた。戦後の平和運動については、東京杉並の母親たちの運動が有名だが、この小さな町の運動については、ほどんと知られていない。

ノーベル平和賞

●その前に、そもそもの話だが、平和賞の意味が分からないということで、ノーベル平和賞までさかのぼって調べてみた。そこで分かったのは、ノーベル賞は、アルフレッド・ノーベルの遺言で生まれたと聞いているが、ノーベルの故国のスウェーデンではなくノルウェーで出している。当時の北欧諸国の国家関係を反映しているのと、100年前の国際社会の構造が影響している。当時は大英帝国が超大国だった。その意向が反映している。

●ノーベルは長い時間をかけてこの賞の準備をし、遺言を何度も書き換えて、1896年に死去したが、翌年、97年のノルウェー議会がノーベル委員会を発足させて実現した。条件は、国家間の友愛、常備軍の廃止または削減、平和会議の開催や促進、などに尽力した人物、受賞に適切な人物であれば、候補者の国籍を問わないこと、ノルウェー議会が選出した「平和のチャンピオン」（複数）に与えること、という。そして、1901年第1回平和賞は「赤十字の父」アンリー・ジュナン（スイス）と「国際恒久平和同盟」の創始者フレデリック・パシー（フランス）。それから現在まで100年になる。

●ノーベル平和賞の日本人の受賞者は佐藤栄作。この受賞はひどいね。とても手放しでは喜べない。佐藤はいわゆる非核三原則で受賞されたんだけど、現実は、密約であきらかになったように骨抜きにされていた。

●確かNHKスペシャルで放映されたので、ある程度は知られるようになったね。佐藤栄作は、核の平和利用を強調する一方で、潜在的核武装論者でもあったんだ。

●こういう人物が、政治的駆け引きでノーベル平和賞をもらうなんて。
●でも、ほかも似たり寄ったりだよ。毀誉褒貶に満ち、評価も分かれる。例えば、2009年のオバマ大統領のノーベル平和賞受賞がそうだ。確かに、プラハ演説では「核なき世界」の理念を打ち出したけど、平和運動の実績があるわけではないし、ノーベル平和賞受賞時の演説は、むしろ「戦争演説」だった。この点について、ノルウェーの政治学者で平和学の産みの親、ヨハン・ガルトゥングは、受賞会場ではなく兵士の前でやる演説だと皮肉っている。
●ノーベル平和賞では、例えば、ナイチンゲール、クーベルタン、ヘレン・ケラー、ネルソン・マンデラ、マハトマ・ガンジーなどは受賞されなかった。特にガンジーの場合、背景には、大英帝国の圧力があったといわれている。現在は、アメリカの影響が強い。
●だから冷戦期のソ連の受賞者はきわめて少ない。アンドレイ・サハロフぐらいかな。
●このノーベル平和賞に対抗して、旧ソ連では、スターリン賞、レーニン賞（1991年の冷戦終結まで続いた）があった。
●中国でも、2011年に反体制文学者劉暁波が受賞したのに怒って、孔子賞なるものを発表したよね。儒教の祖で中華システムの創始者の孔子様は現代の平和と関係があるのかな。

その他の国際平和賞

●平和賞ではないけれど、アジアでは、フィリピンのマグサイサイ元大統領にちなんで1957年に創設された「マグサイサイ賞」というのがあり、2010年8月に広島市長が「核なき世界」の実現に取り組んできたということで受賞されている。
●これは、かなりまともな賞で、アジア地域で貢献した個人・団体に与えられるもので、日本からは、これまで元国連難民弁務官で現JICA（国際協力機構）の緒方貞子理事長（前）や日本画家の平山郁夫（故人）、それにアフガニスタンなどで医療活動に取り組んでいるNGO「ペシャワール会」代表で医師の中村哲らが受賞している。
●もう一つは、ライト・タイブリフッド賞。1980年に創設され、「人類が直面している焦眉の課題に挑み、地球の未来と人類に希望の道を探求し啓発している個人や団体」に贈られる。1989年に生活クラブ生協連合会が、1997年には反・脱原発に取り組んでき高木仁三郎（故人）が授賞している。マーシャル諸島ロンゲラップのチェトン・アンジャイン国会議員（故人）が授賞し

たことで、この賞の存在が知られるようになった。
- これも平和賞ではないが、1992年にオーストリアのザルツブルクで開催された「世界ウラニウム会議」で採択された「ザルツブルク宣言」に基づき、核兵器廃絶と原子力エネルギーから世界の解放に取り組む個人・団体の顕彰を目的に1997年に設立されたNGO（本部はミュンヘン）が与える「核のない未来賞」。1998年から始めていて、日本人受賞者は2001年に写真家の樋口健二が、2007年には平和市長会議とその議長・秋葉広島市長（当時）に、2012年には「ウラン兵器禁止を求める国際連合」（ICBUW）運営委員の振津かつみに与えられている。
- ネパール政府のゴータマ・ブッダ国際平和賞が2002年に創設されたが、政情不安で延期、やっと2011年に第1回が実施され、日本から被爆地の広島・長崎市長が授賞している。
- インドの平和団体「非暴力国際協会」がつくっている「非暴力平和賞」が2012年に日本の児玉克哉（三重大学教授）に与えられている。
- かなりいかがわしい賞として国連平和賞がある。名称に「国連」とあるが、国連とは関係もなく主催団体も不明の賞とも言われる。日本人の受賞者が大半を占め、政治家、宗教家、文化人が多い。
- 岸信介、笹川良一、池田大作、福田赳夫、鈴木俊一などの顔ぶれだね。不思議な賞だね。
- 他にも国際NGO団体が様々な平和賞を創っている。数えるときりがない。

日本の平和賞

- 日本で、地方自治体が実施している平和賞は二つある。一つは沖縄平和賞。もう一は大阪府堺市の平和貢献賞。いずれもしっかりしたまじめな賞。私たちも、これらの賞を参考にすべきだと思う。
- 沖縄平和賞は、琉球王国時代にさかのぼり、第二次大戦での悲劇、それに戦後の米軍基地にみられるような状況を背景に創設された。県のホームページによると、この賞は、「沖縄とアジア太平洋との歴史交流」、「沖縄からの移民交流」、「沖縄戦・在沖米軍基地」の三つの視点から賞の目的・理念にふさわしい対象地域を選考段階で個別・具体的に判断する」として範囲は広い。体制もしっかりしていて選考委員会も、専門別・分野別に学識経験者を中心に構成されている。かなり本格的な平和賞だ。
- 沖縄平和賞は、すでに5回。第1回は中村哲のペシャワール会、第2回はNPO（特定非営利法人）のアムダ（AMDA）、第3回は沖縄・ラオス口唇蓋

裂患者支援センター、第4回はNPO難民を助ける会、第5回はNPOシェアー（国際保健協力支援の会）。なお、第6回（2012年）の受賞者は、国際協力NGOシャプラニール・市民による海外協力の会（代表理事中田豊一）。グローバルに活動している団体が主で、どちらかというと福祉や医療関係団体だね。
●もう一つは、2008年に大阪府堺市が創った平和貢献賞。隔年で実施している。この賞は「国際平和への貢献活動を評価、推進し、国内外に発信することにより、人権擁護・平和実現の取り組みを促進する」目的で作られた。
●堺という歴史的に見て古代から近代まで、自治と自由の精神で切り拓いてきた日本の中の唯一の都市を強調しているね。
●賞は、大賞と奨励賞の二つで、2008年の大賞は、ジハン・ペレラ（スリランカのNGO、National Peace Council 専務理事）、2010年の大賞は、田内基（医師でNPOジャパンハート代表）。医療や福祉、難民救済活動が多い。2012年は、アウンサンスーチー（ミャンマー国民民主連盟中央執行委員会議長）。

焼津平和賞について

●地元の問題に戻ると、対象が個人・団体でいいと思うが、個人はかなり難しい。焼津市の動きをみると、3.1ビキニデーに見られるように、中心が原水協と原水禁。この中で活躍している人が多い。そして、いまだに対立し分裂している。
●その枠内で長く運動を続けている人もいる。でもこういう人たちに賞を与えたら市民がどう思うだろう。第1回で終わりだろうね。
●焼津市がすぐ行動してくれたのは評価するが、選考委員の人選が問題。焼津市の市史を編纂したメンバーが中心ということだが、もっと幅広く、各世代から選ぶべきだった。
●最初、選考委員をめぐって紛糾したようだ。2009年2月の第1回会合で選考委員の1人が辞任する一幕があった。選考委員の2名をめぐる行き違い。川勝平太静岡県知事は、より広く世界でも通用する平和賞として捉えていたようだけど。

　焼津市の場合は、水爆実験による被曝が関係している。このビキニ事件をどう考えるか、あくまで焼津市の第五福竜丸に限定するのか、それともマーシャル諸島の被曝をも対象にするかどうか、ということだろう。

　これについては、2010年4月10日の「ビキニ市民ネット焼津」の話し合いが参考になる。

第6章 焼津平和賞を提唱する

なぜ平和賞なのか

　焼津市は56年前（1954年）に焼津港所属の鮪延縄漁船第五福竜丸がアメリカがマーシャル諸島ビキニ環礁で被爆し、「第三の被爆」といわれてきた町で、市民も20年以上にわたって6.30市民集会などで様々な平和活動を継続してきた。平和賞を通してこの町が「平和水産都市」であることを確認し、これを全国・全世界に伝える。

　この地が戦後の反核平和運動の源流（ビキニ事件から原水爆反対署名運動が始まった）ことを再確認する。

　2009年5月にオバマ米大統領がプラハで提唱した「核なき世界」の理念に賛同し、平和賞によって焼津市を「平和水産都市」であることを全国・全世界にアピールする。

［誰を選ぶか］

　地に足をつけた平和賞、市民が納得できる賞ということから第1回は、焼津市と何らかの関係ある団体・個人を選ぶ。
- 第五福竜丸の歴史的な重要性を継承する活動（署名活動なども含む）を行い、核兵器廃絶に寄与している団体あるいは個人を選ぶ。
- これまで活動している原水協と原水禁とは距離をとる。
- 東京の第五福竜丸展示館については総合的に判断する（活動内容や中心にいる人々は原水協・原水禁関係者が多い）。
- 過去の活動より現在の活動を重視。
- 研究者、芸能人、スポーツ選手、アーティストなどは、平和賞の焦点がぼけるので、第1回としては選ばない。
- 反核平和NPO活動では、焼津市の活動を評価している団体や個人を選ぶ。

　「ビキニ市民ネット焼津」での会合を踏まえ、選考決定日の2010年5月31日、加藤が選考委員として以下のようなコメントを委員長に手渡した。

　焼津市は、56年前に「第五福竜丸事件（ビキニ事件）」を体験した町であり、

戦後の平和運動の源流に位置している。しかし、当初盛り上がった平和運動も、それを指導していた党派の対立によって分裂して引き裂かれた。その影響は、現在に至るまで続いている。そのため、特定の団体が主導している３．１ビキニデー集会には一般の焼津市民はほとんど参加していない。

　このような事情から、焼津市は20数年前、当時の市長の呼びかけで、市独自で「６．30市民集会」を開き、それは現在も続いている。平和賞は、このような歴史的な背景を考慮して決定しなければならない。

　この点から第１回の平和賞は、以下の点を考慮すべきである。
● 長く活動を続けている特定の政治団体・党派に近い、あるいはそれに系列化されている団体や個人は平和賞からはずす。特定の宗教団体もはずす。
● 被曝した第五福竜丸、及びその乗組員は基本的にはずす。
● 多分、話題になると思う東京夢の島の「第五福竜丸展示館」の評価については、実際に運営している協会が特定の政治団体近いと考えている市民が多いので、この点を考慮する。
● 焼津市独特の政治地図を考えれば、相対的に独立した団体や個人、すなわち焼津市の枠を超えた団体・個人が適当であると考える。
● 過去活動だけでなく、現在及び未来につなげようとしている団体や個人が適切である。賞は平和都市焼津のこれからを展望できるのでなければならない。
● 今後、焼津市を日本、そして世界にアピールできる団体・個人が重要だと考える。
● 公募した団体・個人だけでなく、それに関連した部分を補足することができるようにする。そのため関係当局は公募していない団体・個人を調べ公募を促す必要がある（例えば、核兵器廃絶長崎市民会議、ピースボート「おりづるるプロジェクト」、世界平和アピール７人委員会など）。

　最終選考に残っている団体・個人からそのまま選出することは困難であると考える。
　　　　　　　　　　　　　　　　　　　　　　　　　　　2010．5．31

2010年５月31日　受賞者を決定
　受賞者　「公益財団法人　第五福竜丸平和協会が管理運営している第五福
　　　　　竜丸展示館」
　受賞理由
　　第五福竜丸展示館は、設立以来、アメリカが行ったビキニ水爆事件により被災した「第五福竜丸」の船体及び同事件に関連する貴重な資料の収集、保存、管理、展示、学習資料の刊行、講演会・映画会・シンポジウムなど多様

な企画を実行し、ビキニ被災の実相を広く伝え、一環して核兵器廃絶に取り組み続けている。

また、全国各地で「第五福竜丸」を開催するなど、第五福竜丸事件を後世に継承するための活動を推進し、核兵器廃絶に寄与している。

よって今回、焼津平和賞を贈りその功績を称える。

今後も、「第五福竜丸」船体の保存と併せ焼津市民と一体となった交流の発展を願う。

第1回焼津平和賞への加藤委員のコメント

「ビキニ市民ネット焼津」の幹事会討論を踏まえて、6月15日に公開した。

第1回の焼津平和賞受賞者(団体)に東京都の夢の島公演にある「第五福竜丸展示館」(その運営主体である公益法人第五福竜丸平和協会)が決定した。焼津市は第五福竜丸の母港であり、展示館がこれまで多様な運動を積極的に展開してきた実績を考えれば、第1回の焼津賞としては妥当といえよう。

ただ、平和や平和運動についての原則的な問題を議論しなかったために、いくつかの問題がある。とりわけ、焼津市に住んでいる人間として気になるところがある。この点についてコメントしたい。

第一に、焼津市民の立場から言うと若干複雑な心境である。第五福竜丸事件が起こった時、町の経済や生活をめちゃくちゃにした元凶として被曝した第五福竜丸を「厄介船」と捨てた歴史的な経験をもっているからである。被害者が地域では加害者になる構造の問題だ。船はその後、数奇な運命をたどり、東京のごみ捨て場に捨てられ沈没寸前のところを、ある新聞投票を契機に市民の保存運動で救われ現在に至り、様々な平和運動の拠点になっている。

東京に保存されている第五福竜丸(船体はかなり変わっているという)との関係は、焼津市民のこの複雑な「心の問題」のフィルターを通さなければならない。この点についての議論がなされなかったのは残念だ。

第五福竜丸展示館の活動は、かつてのようにひとつに偏ってはいない。実に多彩なイベントなども行っていて、修学旅行の拠点にもなっている。このことを市民に知らせる必要がある。

第二に、焼津市は、第五福竜丸で盛り上がった戦後日本の平和の反核平和運動の源流に位置している。その運動は、その後、政党や労組の対立に巻き込まれ、人々が嫌気をさいて運動から遠ざかっていった。この部分が総括かつされているのかどうか疑問である。当時は、冷戦の時期にあって、平和イ

デオロギーに基づいた理念型の平和運動が主流だった。しかし、冷戦が終わって20年以上になっても、東京発の運動には、いまもこうした性格が残っているように見える。いまだに平和団体が分裂しているのはそのためだ。

　焼津における平和運動とは、日常の生活を基盤としたコミュニティを考慮に入れて行動する現実主義的な活動である。これは、地域における「平和のありかた」と密接に関係している。平和は単に「戦争のない状態」というのではない。65年間もの「戦争のない平和」の中で、いま、日本は不安な「絆のない」社会になっている。平和賞の決定に際して、この辺の問題まで踏み込んで、平和の内容を討議すべきであった。

　課題はいろいろあるが、今後は前向きで、様々な違いを乗り越えて、平和都市焼津は、この展示館と相互に協力し合って「核のない世界」を目指して積極的に向き合っていく必要がある。これからも第五福竜丸を座礁させたり、漂流させたり、沈没させないために母港である焼津市の役割は大きいと考える。このことを前提に、今後は、よりグローバルな視野で、第2回、第3回の焼津平和賞につなげていきたい。

第1回の感想
● 最初に盛り上がった割には、第1回はあまり注目されなかった。全国紙にも掲載されず、全国メディアでも注目されなかった。やっぱりという感じ。焼津市民の積極的な感想も聴かれなかった。
● 「第五福竜丸」という同じ土俵の話題だから、今回はやむをえなかった面がある。
● やっぱり、当初から主張していたように平和都市焼津を日本全国、世界に売り出すようなコンセプトじゃないと。だんだん先細りしてセコイものになっていくような気がする。
● 個人か団体かで議論があったそうだが、個人は難しいね。長年やってきた人もいないわけではないが、原水協・原水禁の枠内で、その団体に入ってやってきた人だからね、そういう人にやったら第1回で終わりになってしまうからね。

まとめ
　以上は、第1回実現までの焼津平和賞の経緯だが、焼津市も、この間、平和推進室の設置や平和賞を実施する選考委員会の決定など、比較的迅速に対応して、2010年に第1回焼津平和賞を実現させた。これを提唱した「ビキニ

市民ネット焼津」は、他の市民団体とともに第五福竜丸展示館との交流を拡大して現在に至っている。問題、課題は山積しているが、これからも長く続けていきたい。

　この文章は、2010年末に書かれたものであるが、翌年3.11によって、この賞の比重が変わったという印象を受けた。ビキニ事件がフクシマ原発事故で、その位置づけもかなり変わったからである。その意味で、第五福竜丸の点から高知の被災船まで範囲を広げたことは、重要な意味があったと思う。

第2回受賞者　「幡多高校生ゼミナール」（高知県）
受賞理由
　幡多高校生ゼミナールは、昭和58年（1983年）の設立から、27年間にわたり、一貫して「足もとから平和と青春の生き方を見つめる」をテーマに活動し、これまでに300名を超える卒業生を送り出してきた。聞き取りによるビキニ被災船調査をはじめ、最近では、アメリカが週国の公文書「キャッスル作戦による世界的放射性降下物」の日本語訳や元船員の日記メモなどによりビキニ被災の実相を明らかにした。その成果は顕著である。
　このように、太平洋上の核実験による影響を調査し、第五福竜丸事件をより広い観点でとらえなおした功績は大である。
　以上によって、第2回焼津平和賞の受賞者を「幡多高校生ゼミナール」に決定する。

第3回受賞者　「ビキニ水爆被災事件静岡県調査研究会」（静岡県）
授賞理由
　ビキニ水爆被災事件静岡県調査委員会は、1996年の設立以来、ビキニ水爆被災に関する調査・研究を続けるなかで、第五福竜丸をはじめとする被災漁船の実態を明らかにし、ヒバクシャの健康調査をすすめるなど継続的に活動を行っている。また、最新の成果としては、アメリカ政府の公文書分析に基づく、放射能汚染・拡張の実態を明らかにしたレポートは、秀逸である。
　本研究会が示した活動内容は、乗組員の補償問題、マーシャル諸島の現状調査にとどまらず、福島第一原発の影響など、今後、放射線に関する問題の解明に発展することを期待する。
　以上によって、第3回焼津平和賞の受賞者を「ビキニ水爆被災事件静岡県調査研究会」に決定する。

第7章　被爆地マーシャル諸島の現在

　日本から約4600キロの太平洋中部にあるマーシャル諸島は、ビキニ水爆実験の場所として知られている。そこに住む人々は、あの時、どのような状態だったのか。

　1954年3月にビキニ環礁でアメリカが水爆実験（ブラボー）を行った時、そこに住んでいた人々も当然被曝した。また67回も核実験を行ったため被災は甚大であった。

　このようなマーシャル諸島の被曝について、その実態が日本に知らされるのは、70年代になってからである。ジャーリスト、フォトジャーナリストらの報道よって、明らかにされたが、それでもいまなお「視えないヒバクシャ」である。ロンゲラップ環礁では、現在も住民帰還ができない状況になっており、フクシマを経験した日本は、このことを十分に理解する必要がある。

　最近、この地を研究テーマにし、フィールドワークを行う若手研究者も生まれてきて、ビキニ事件の全容が明らかになりつつある。

　当初から私たちにとってもマーシャル諸島の被災には関心があった。2001年から何度も、市民講座［やいづ平和学］でも取りあげてきた。2005年6月に、「ビキニ市民ネット焼津」第2回総会で、マーシャル諸島で暮らしたことのある岩崎幸代さん（当時は静岡市井川小学校教諭）から「マーシャル人の暮らし」についてスライドを使い説明されたことがある。

　2007年6月、ハワイ（ポリネシア）の伝統的な風だけで航海する双胴カヌーホクレア号の焼津港寄航（実際には、折からの強風で接岸できなかったのだが）を契機に、環太平洋に活動の場を求めてきたミュージシャンたちのグループ、後に「ヤポネシア・フリーウエイ」を立ち上げる人びとと交流し、新たな地平を開くことになった。

　2010年の焼津平和賞創設を契機に、焼津市もビキニ事件に改めて取り組むことになり、この時から、マーシャル諸島と焼津市との交流が始まった。ビキニ環礁自治体の首長が焼津市を訪れたり、清水焼津市長が2011年8月にマーシャル諸島のビキニ環礁自治体を訪問するなど、焼津との関係は深まっている。

　また、2011年8月と、2012年2月には、私たちのメンバーもマーシャル

第7章 被曝地マーシャル諸島の現在

諸島を訪れる機会があり、市内でその報告会を何度も開いた。
　2010年7月31日ブラジルで開催されたユネスコ（国連教育文化機構）の世界遺産委員会は、マーシャル諸島のビキニ環礁を世界遺産（文化遺産）の登録を決定した。
　そこで、2010年8月のイベント（焼津流平和の作り方）はこれを記念して、マーシャル諸島関係の講演と映画上映を開催した。講師の竹峰誠一郎さんは、マーシャル諸島研究の第一人者で、何度も現地を訪ね調査研究している。演題は「マーシャル諸島を訪問して」で、スライドを使いマーシャル諸島の現実と問題点を説明していただいた。
　ここでは、文化遺産登録に関して竹峰さんが執筆した論文を収録する。
　この講演のあとで、ドキュメンタリー映画『わしも死の海におった　証言・被災漁船50年目の真実』（RNB製作、2004年）を上映した。この作品は、2004年5月29日に『南海放送』が放映した作品である。
　ビキニ環礁で被曝した高知船籍の50年後を追跡したもので、第五福竜丸の後の状況がわかり、水爆実験により太平洋の海域汚染が広域に広がっていることを明らかにした貴重な作品である。
　この作品は、2006年9月に第24回「地方の時代」映画祭・コンクールでグランプリを授賞している。また同年10月の第4回石橋湛山記念・早稲田ジャーナリズム大賞「草の根民主主義運動部門」（主宰：早稲田大学）で大賞を受賞している。
　なお、先に触れたように2011年8月と2012年2～3月、環太平洋を中心にした「ヤポネシア・フリーウエイ」を中心に「ビキニ市民ネット焼津」、「かまぼこ屋根の会」のメンバーがマーシャル諸島共和国の首都マジュロを訪問し、現地で行われた「3.1ビキニデー」（現地ではサバイバル・デーと呼ぶ）の集まりに出席した。
　そこで、その参加メンバーからの3本の報告を収録した。
1．内田ボブ（長野県在住のミュージシャン、ヤポネシア・フリーウエイ）
2．杉本智子（モコ）（ヤポネシア・フリーウエイ）
3．池谷千穂（ヤポネシア・フリーウエイ）

参考文献
安斎育郎・竹峰誠一郎『ヒバクの島マーシャルの証言　今、ビキニ水爆被災から学ぶ』
　（かもがわ出版、2004年）
中原聖乃・竹峰誠一郎『マーシャル諸島　ハンドブック　小さな島国の文化・歴史・

政治』（凱風社、2007年）
島田興生『還らざる楽園　ビキニ被曝40年　核に蝕まれて』（小学館、1994年）
豊崎博光『マーシャル諸島　核の世紀　1914〜2004』（上・下）（日本図書センター、2005年）
グローバルヒバクシャ編著・前田哲男監修『隠されたヒバクシャ　検証＝裁きなきビキニ水爆実験』（凱風社、2005年）
竹峰誠一郎『視えない核被害　マーシャル諸島米核実験被害の実態を踏まえて』（早稲田大学大学院アジア太平洋研究科博士論文、2012年）

「視えない核被害」を映しだす鏡——ビキニ環礁の世界遺産登録によせて

竹峰誠一郎（三重大学研究員）

はじめに

　米核実験場であったマーシャル諸島のビキニ環礁が、2010年8月ユネスコの世界文化遺産に登録された。広島の原爆ドームと並ぶ、核兵器がもたらした「負の世界遺産」である。核実験場とされたマーシャル諸島は今どうなっているのだろうか、人びとの暮らしに触れながら見ていきたい。

一番大事なものは土地です

　マーシャル諸島は「南太平洋」と枕詞をつけてよく紹介されるが、実際は北緯4度から19度に位置している。太平洋のミクロネシア地域に属し、グアム島とハワイ諸島のほぼ中ほどにある。

　世界地図の上では、砂粒のようにしか表現されないマーシャル諸島であるが、サンゴ礁が隆起して出来た29の環礁と5つの独立した島から成る。環礁とは一つの島（island）ではなく、小さな島々（islets）が円を描くように連なる。その内側には穏やかな海面ラグーン（礁湖）が広がり、その外側には太平洋の大海原であるオーシャンが広がる。エメラルドの海にネックレスを広げたように小さな島々が並び、「真珠の首飾り」とも形容され、人びとを魅了する。

　29の環礁と5つの島を足した陸域面積は、わずか181平方キロと、沖縄県の10分の1にも満たない。人口は1999年の国勢調査で5万840人を数え、2005年に5万9千人に達したとの推定値が出されている。

　マーシャル諸島で「一番大事なものは土地です」と、日系人のカナメさんが語るように、マーシャル諸島の生活の根っこには土地がある。マーシャル諸

島共和国は独自の通貨をもたず、米ドルが国家通貨となり流通している。しかし、100米ドル札をいくら積んでも外者は土地を所有することはできない。

マーシャル諸島の人にとって土地は、売買を通し得るものではなく、生まれながらにして付与されものである。マーシャル人であるならば皆土地は「持っている」。「持っている」といっても、私的所有ではない。かといって国有化されているわけでもない。マーシャル諸島の土地は、小さな集落ごとに、共同で利用されている。

土地制度への理解と共に、海への視点が、マーシャル諸島の暮らしを読み解くうえでは欠かせない。陸域は限られているが、環礁をとりまく小さな島々の内側には浅瀬のラグーンが広がっている。ラグーンの総面積は1万1670平方キロと、陸域の60倍を超える。さらに環礁の外側には213万平方キロを誇るマーシャル諸島共和国の排他的経済水域（EEZ）が広がる。「小さな国」には広大な海世界が広がる。

マーシャル諸島はまるで日本と異なる世界のような印象を持たれる方もいるだろう。しかし「デンキ」「アミモノ」「ヒコウキ」「バクダン」「ニカイ」「チャンポ」……、マーシャル語の会話に日本語由来の言葉が登場する。「ヒロコ」「イチロー」、さらには「モモタロウ」などの名をもつ人とも出会う。かつて南洋群島と呼ばれ、日本統治の下に、マーシャル諸島の地はあったからである。

わたしを故郷に連れて行って

「人類の幸福と世界の戦争を終わらせるため」と、1946年ビキニに米核実験場が建設された。同時にビキニで暮らを立てた人びとは故郷の地を追われた。その後、1954年第五福竜丸が被災した水爆「ブラボー」実験をはじめ、1958年まで67回におよぶ米核実験がビキニとエニウェトク両環礁で実施された。核実験場となったマーシャル諸島は「冷戦の勝利に貢献した」と米政府は称える。

真っ白な砂浜、透明なエメラルドの海、真っ青な空……、まさに「楽園」を連想する光景が今のビキニには広がり、のんびりした時が流れる。しかしビキニの人びとが生活を営む光景はそこにはない。現存する先祖の墓が人びとの暮らしの痕跡をわずかに残す。

ビキニだけではない。ビキニの爆心地から東へ180キロ離れたロンゲラップの人びとも、移住生活を送る。核実験で故郷を追われ、今なお自分たちの土地から切り離された生活を余儀なくされている。「核の難民」（displaced person）である。

　「わたしを故郷に連れて行って。ビキニの人がビキニで生活をしていたあの日に連れ戻して」。ネーマンが筆者に懇願したように、シニア世代を中心に望郷の念は今なお強い。

　ビキニの人びとはキリ島やエジット島、ロンゲラップの人びとはメジャット島へと移り住んでいる。移住先では生活改善が進められてきたものの、移住先は「小さい」と住民は不満を訴える。

　ビキニ環礁は23の小さな島々、ロンゲラップ環礁は61もの小さな島々から成る。両環礁の人びとは、本島にあたる中心的な一つの島に住居を構え暮らしていた。とはいえ、住居を構える本島に閉じこもっていたのではない。

　環礁をとりまく小さな島々は、大半が無人島であるが、食物採集やヤシ油の原料となるコプラ生産など、生活の糧を得る場であり、時にレクレーションの場にも変身する。ラグーンは格好の漁撈の場である。マーシャル・カヌーに乗って、家を構える本島だけでなく、ラグーンへ、さらには無人の島々へと、環礁全域に生活空間は拡がっていた。今でも環礁全域を使った生活が、地方に行けば連綿と受け継がれている。

　しかし移住先としてあてがわれているのはたった一つの島である。環礁全域に広がりをもっていた生活空間が奪われ、一つの島に閉じ込められている。「牢獄の島」とビキニの人びとは移住先のキリ島を呼ぶ。

　移住生活が長期におよぶにつれ、自分たちの土地で養ってきた生活様式や文化も失われてきた。海洋民族の足であるカヌーは廃れ、地のものではなく、米国から配給される缶詰がかれらの食生活を支えている。「われわれビキニの人は伝統的な生活技術をすっかり忘れてしまった。カヌー作り、木登り、潜水漁も。寂しいが自分もできない」と、ビキニの自治体議員を務めるヒントンはポツリとつぶやいた。

　自分の土地と切り離される生活が永続化するなか、「土地との結びつきをどう保っていくのか、ロンゲラップのアイデンティティーをどう築いていくのか、それも核実験がひきおこしている問題だ」と、ロンゲラップ選出の前国会議員アバッカは指摘する。

　他方アバッカは「核被害を前にわれわれは泣き寝入り続けたのではない。立ち上がり生きぬいてきたのよ」とも語る。水爆「ブラボー」実験が実施された3月1日は、マーシャル諸島では、核被害を思い起こし、犠牲になった人を追悼する国の休日になっている。

第7章 被曝地マーシャル諸島の現在

おわりに

マーシャル諸島には「楽園」をイメージさせる光景が広がる。しかし核被害は現在も永続し、さらにはコミュニティーの未来の可能性をも奪い続けている。

ユネスコの世界遺産委員会は「核実験の威力を伝える上で極めて重要な証拠」の存在を世界遺産の登録理由に挙げた。しかし、核被害は物理的損害だけでは到底収まらないのである。

核実験から放出された放射性物質は、身体と共に、土地を被曝させた。土地への被曝は、缶詰の食生活を招き、廃れゆく生活の技、アイデンティティーの揺らぎなどへと連鎖する。物理的な破壊のように決して目に飛び込んでくるものではないが、土地への被曝は、その土地に根づいていた文化をも「じりじり」と破壊し続けている。

オバマ米大統領のプラハ演説を機に核問題への関心が高まっている。しかしマーシャル諸島の地元紙マーシャルアイランド・ジャーナルには「核問題は死んだのか」（Are N-issues dead?）との見出しをつけた記事が2010年2月掲載された。

核被害を受けた人びとが提起する核問題は、知覚し難く、また不可視化され後景におかれ続けている。世界遺産に登録されたビキニ環礁が「視えない核被害」を映し出す鏡になることが切望される。

参考文献

中原聖乃・竹峰誠一郎『マーシャル諸島ハンドブック——小さな島国の文化・歴史・政治』（凱風社、2007年）
グローバルヒバクシャ研究会 編著『隠されたヒバクシャ——裁きなきビキニ水爆被災』（凱風社、2005年）
竹峰誠一郎「太平洋島嶼地域は「脆弱」なのか——マーシャル諸島にみる『サブシステンス』からの問い」（『環境創造』13巻、2010年、85～100頁 所収）
＊本稿は『青淵』（渋沢栄一記念財団）通巻742号、2011年1月号、14～17頁に掲載された原稿に加筆修正を一部加えたものである。

反核運動

内田ボブ

ぼくが焼津の反核運動を意識したのは、浜岡原発がきっかけだった。

たしか2000年頃、東海地震が発生する怖れが強いと、原発を停止せよとの声があがりその賛否を問うた。しかし静岡県での声は小さく、他県でも人

事のようだった、が焼津市のみは、「我市は被爆者をかかえる市なので、そうかんたんに運転続行に賛成はできない」と行政意見として語っていた。

ほう、焼津市というところは、そういうところなのかと思ったことがきっかけだった。

2002年袋井のデンマーク牧場で、浜岡原発運転停止を求めるキャンプインがおこなわれた。海外からも多くの人々が集い、国内外からも地震や原発の専門家の人々も来て話してくれた。ひとたび事故が起これば、このたびの福島の比ではない。さらに認識を深めたのだが、同時に知らない人の多さにも驚かされた。

相良に住む老人は、語りつがれ地震のおそろしさを語り、浜岡原発の考えの無さをつくづく訴えていた。

その時、焼津の反核運動のことをおもい、核兵器と原発の違いはあれど、はっきりと反核の声があがれば、人々はもっと核のことを考えるようになるのではないかと思った。論より証拠、今となっては福島原発事故のため人々の意識はいやがおうにも高まっているのだが、そのころはそのようにおもい第五福竜丸のこともあらためて心にとめるようになった。

あらためてというのは、20代、30代前半沖縄と関わっていて、そのうち10年近くは八重山群島西表島に住んでいたことがあった。水牛と共に米作りをしていたこともあった。沖縄にも米軍基地、石油基地、ヤマネコの住む森の保護、白保の空港問題と次から次へと問題がもち上がった。沖縄諸島の苦難の歴史は太平洋の島々ととても似ていた。

'70代後半、'80年代前半にかけて、パラオの人々は世界初の非核憲法をかかげアメリカと独立をかけて闘った。アメリカにたてつけば援助はうちきられる、それでもいい昔ながらに漁をして、島の恵みで、島と共に生きていくと声高らかに宣言して闘っている人々の話を聞き、誠に共感した。沖縄にも共に太平洋の非核と平和をかけて、共に闘おうと呼びかけがあった。もちろんその時パラオはビキニの核実験、放射能についても知っていた。ヨーロッパ諸国の大航海時代、太平洋戦争、あげくの果てに核実験場にされ、あちらこちらに軍事基地を造られ、破壊されていく島と海、人々の心、そのどん底から起死回生を願う声をあげたのだ。それはパラオだけにとどまらず世界中で同じ事が起こっていたのだ。オーストラリアの先住民、アメリカ大陸の先住民の間でも声があがっていた。同時にそれは現代都市文明への警告でもあった。太平洋全域にも反核非核の運動が広がった。日本本土にも地道な活動をされている方々はもちろんあったのだが、一般には高度成長、バブルに浮

かれていたようにも見えた。ぼくはその頃、西表島で水牛を使い、田を耕しながら、ビキニのことを思ったのを憶えている。

核実験から時を経て、島に草が生えたとか、人々が島にもどったとか、太平洋の島々よ頑張れ、と叫んだことも忘れない。実際にはそんな甘いものでもなかったのだが、第五福竜丸の事件にしても本当は1000隻近い船が被爆していたことなども知る由もなかった。

今焼津の平和運動と出会い、福島原発事故と遭遇し、あらためてビキニ事件とはなんだったのか、太平洋の核実験とはなんのためだったのか、まだそれらは終わった昔のことではなく核の平和利用という形でますます広がっていること、核というものは根底からなくならない限り決してその悲しみ、苦しみも終えることがないのだということを改めて考えさせられる。

1987年長野県南アルプス赤石岳の懐、標高2000m、しらびそ高原で、世界中の反核の声を一つに！ という思いから、隠魂（オニ）祭と名うつキャンプインをおこなった。赤石山脈、母なるヤポネシアの山々の前で世界中からのメッセージを10日間のイベントの間中、読み続けた。アイヌ民族の山道さんをはじめ多くのミュージシャンや反核運動を地道に続ける人々が国内外から沢山集まってきた。

奇しくもその年、ホピの予言が出来上がってきて、祭りで上映された。アメリカインディアンのメディスンマンも祭りに参加しメッセージを送った。

時代は、ベトナム戦争を終結、スリーマイル、チェルノブイリの事故を経て、ソビエト崩壊寸前の時だった。ホピの予言は現代文明そのものへの忠告であり、警告だった。ソビエト崩壊以後、太平洋の事情もまた変わり、アメリカも核のことは表面に出さず、白紙にもどすということでパラオとの自由連合を結びその独立を認めた。日本でも'80年後半、'90年前半と全国で反原発運動も起こったが、原発推進の力はとどまらなかった。福島での反原発の集会に参加したことも忘れられない。その頃は青森県六ヶ所村核燃料再処理工場建設でゆれていた時でもあった。しばらく'90年代後半にかけて反核の声も静かになりかけた頃、アメリカインディアンムーブメント助人の急先鋒、旧友日橋の死をきっかけに事態は動き出した。

ホピの予言の発信地でもあるアリゾナの聖地が危ういという情報が入り、ヤポネシア飛弾高山からアリゾナまでのピースウォークが企画された。そして、いのちの祭り、ゲーリースナイダー来日、山尾三省最期の天竜川水系での詩の朗読会、東京から広島まで、アメリカインディアン、アベナキ族のトムドストを迎えピースウォーク、そしてさらに広島から長崎まで20世紀最後

のピースウォーク。その時、上関原発問題と出会う。カミサマがじっと黙っているなどということはありえない。翌2001年、21世紀幕明け、長良川最終ウォークそして9月11日あのテロさわぎ、ブッシュ時代のはじまりだ。なんだ21世紀はこれだったのかといわんばかりに人々は頭を抱えた。

2004年WPPD（ワールドピースプレイヤーズデイ）ラコタ族のインディアンチーフをアメリカから招いて富士山の麓で行われた。

2007年ハワイの双胴カヌーホクレア号が日本を訪れることになった。沖縄、広島、長崎平和巡礼もその目的の一つであった。太平洋諸島では戦争の傷跡も今だなまなましいものがあり、核実験放射能被害も終わっていない。平和を願う巡礼ならば是非、現在原発建設反対を戦っている山口県上関町そして孤軍奮闘している祝島を訪ねてくれと、船長ナイノア・トムプソンに直談判にいった。上関の問題も単にローカルな問題ではない。このたびの福島をみれば子供でもわかること。焼津も八丁櫓を仕立て出迎えの仕たくをしていたのだが、風があわず入港を見合わせたが、航海終了後のパーティーで、焼津に行くまで自分達の航海は終わっていないと言ってくれた。言葉どおり、後日クルー達チャド船長を含め数名が焼津を訪問し、第五福竜丸漁労長、見崎吉男氏とも会談してくれた。太平洋を伝統のスターナビゲーションで航海して来た面々との出会いは、見崎老人にとっても感慨深いものがあったのだろう、彼は本当に海が好きだったから。

沖縄にいたころからすれば、30余年の歳月が流れていた、ぼくの中にまた環太平洋の思いが波のうねりのようにもちあがってきた。

第五福竜丸、マーシャル諸島、ビキニ、ロンゲラップ、エニウェトック、ウトリック、それに連なる世界の核実験地の問題は終わっていない。これからのほうがさらに長い時を必要とするのだろう。世界から核が根底からなくならない限り終わることはないのだ。ホピの予言の忠告にあるように、精神が方向を誤った時代において、その精神が正しい方向に進むようにするのが平和運動だと思う。見崎吉男老人は、平和運動は地道に、微笑みたえない地域作り、木を植えること、自然を大切にすること、焼津から世界に向け平和発信をすること。とは自分自身から平和を発信するということにほかならない。

2010年から2012年春までマーシャル諸島を3度訪れた。初回は'70年代から太平洋反核運動をしている人や、ロンゲラップの被爆した女性などに会い、話を聞くことができた。核実験の歴史を忘れてはいけない、忘れてしまうということは、生きる道を見失い、アメリカの思うつぼだ、と今でも病気と闘

第7章 被曝地マーシャル諸島の現在

い続ける彼らはいう。しかしそんな中でも日々を楽しく過ごすことを忘れてはいないとも、たくましいとも思った。マジェロから離れた島にも渡ってみた。そこでは昔ながらのマーシャルの空気がただよっているように感じた。しかしそこにも変わり行く時代の問題がないわけではない、その社会に、人々の心のうちに。

　2011年夏2度目のマーシャル訪問では運よくビキニ環礁へ行くことが出来た。そこには今だに人々はかえることが出来ず、アメリカの放射能測定実験場という状態だった。目も醒めるような透きとおった海、遠く静かな風の音、忘れかけていた心の平安、くつろぐパンダナスの小陰、しかしそこには目には見えない放射能。ヤシの実はたわわに実り林をなしているが、島出身の女性は放射能がこわいからたべないという。マーシャルのあちらこちらで、放射能の被害を日常的に見聞きしているからだろうか、核実験から50年余りたった今でも。これから10年先、20年先日本もどうなっていくのだろうか思わずにはいられない。

　マーシャルジャーナルはマーシャル唯一の新聞社で、その編集長には色々情報交換も提供してもらっている。彼はアメリカ人で若い時太平洋の反核運

2011年8月　ビキニ環礁
ブラボーショットによるクレーター

動を行っていた、日本にも何回か来たことがある人だ。彼の奥さんはすでに被爆で亡くなっているのだが、マーシャル人だったそうだ。非核と先住民という太平洋のネットワークでも中心的な役割をしていた人だ。オーストラリアでも先住民の住む場所でウラン鉱山と知らずに働かされ被爆した人々、マラリンガでの核実験場はまったくビキニと同じケースで、砂漠と海の違いこそあれ、今だにその被爆の被害が続いている。核廃棄物の持ち込み場所も先住民の住む場所だ。世界中の核実験場と被爆者を取材した、あるカメラマンは、エンバイロメンタル、レイシズムとこれを呼んだ。僻地にリスクを押し付け、自分たちだけ恩恵にあずかる現代文明の姿そのものだ。自己中心主義は極端になると守るべき自己さえも滅ぼしてしまうのだ。

　マジュロにはカヌースクールがある。元ビキニの市長が作ったスクールだ。アメリカとの文化的な癒着によって失われていく精神的風工を取り戻すには伝統的な生き方を学ぶことだと始められたプロジェクトだ。そこで学ぶ若者は生き生きとしていた。元ビキニ市長は焼津も訪れたことがあり、奇しくもホクレアのメンバーともとても親しい間柄であり、彼自身は日本の福島の問題はビキニの問題と同じだと考えていると、そして被爆マグロもビキニのマグロだと語っていた。これからも太平洋の平和のために共に力をあわせ出来ることをやろうと実に明晰な発言だった。誰のものでもない、太平洋は一つだ、その平和のために、ぼくらが力を合わせるのは当然のことだ。彼のスクールでアウトリガーカヌーに乗せてもらった。昔がしのばれる今のぼくらから見れば、厳しいことも多々あるだろうが、それ以上に美しく、たくましいものがあったのだろうと思う。ホピの予言が警告するところによれば、生き延びるために、この文明から方向転換をしなくてはならない。世代を超え知恵と力を養っていかなくてはならない。まさにカヌースクールはそのための第一歩といえよう。

　平和運動は地道に、これは見崎老人の口癖だ。これからの福島のことにも、日本のことにも、太平洋、世界のことにも通ずる言葉だ。世代を超え焼津の平和運動が地道に、さらに拡がり、焼津から世界に向け、平和の発信してほしい。これは過去、現在、未来の生きとし生けるもの、在りとし在れるものの魂の供養でもある。ぼくらの生命はこの島とこの海と一つだ。あきらめないで平和の道を、平和を学び、平和へと歩み続けてゆこう。

　最後に12世紀チベットヨギ・ミラレパの言葉を今は亡きサカキナナオ（彼も焼津を訪れたことがある）の訳で添えさえてもらう。

第7章　被曝地マーシャル諸島の現在

　　どんなことにも　忠告しよう
　　どうぞ　魂を尊く保ち
　　正しい施しをするよう
　　そして　この世では
　　自由で　健康で　幸福で
　　静かに　長生き　するよう
　　いずれ　あの世で
　　道のため
　　また　生けるすべてのため
　　共に　力を　合わせよう

マーシャルへの旅のはじまり　　　　　　　　　　　　　　杉本智子（モコ）

　私は生まれも育ちも焼津で、父親が水産関係の仕事をしていたので子供の頃は良く魚市場に連れられて行く事が多く、魚の破片がついたベルトコンベアーに乗って遊んだり、競りに使う階段で遊んだりと旧焼津港が遊び場になっていて、港に行く事がとても楽しみだった。そんな思い出がたくさん詰まった旧焼津港が大好きだった。

　その旧港が取り壊されるという事で署名運動があり私も参加した。その時、旧港が大好きな人達と出会い市民活動をやっている事を知った。旧港に集まり毎月、定期的にライブをやったり、焼津らしさたっぷりのイベントだった。

　その後、2007年に、ハワイからホクレア号と言う双胴カヌーが古代からの伝統航海術スターナビゲーションで日本まで航海する事を知り、その経由地から「太平洋の平和を祈る航海」という事で内田ボブさんから第五福竜丸の母港、焼津にも寄港してもらおうという声があがった。その時、改めて「第五福竜丸事件」について考えた。

　「かまぼこ屋根の会」と「ビキニ市民ネット」の快い協力のおかげでホクレア号が焼津に寄港する準備は整っていたけれど、残念ながら天候と風の関係で寄港は断念する事になってしまったが、その後、ホクレアのクルーの人達が焼津に来てくれて第五福竜丸の元漁労長、見崎吉男さんと対談し、八丁櫓に乗船する事ができた。

　その時の対談では第五福竜丸事件の話ではなく、大海原での航海の話、星の話、海の平和の話などだった。海と共生している「海の人たち」のお話はとても自然な流れだった。

その数ヶ月後に、残念ながら焼津旧港の解体が決まった。そこで、最後に旧港でイベントを開催する事になり、その時初めて、見崎吉男さんの被爆体験のお話を聞く事ができた。
　最初にお話を聞いた時は本当に衝撃的だった。直接お話を聞くまでは自分の中でリアリティーにかけていた。そんな事件に遭遇してしまい自分も被爆してしまったのに「申し訳ない、私のせいで焼津に迷惑をかけた。」と何回も謝っていた。

　見崎さんのお話を聞くと同時に自分の中で疑問がたくさん出てきた。
　どうして新しい世代の人達が福竜丸事件を知らないのか？
　こんなに近くに当事者がいて貴重なお話を聞く機会がないのか？
　なぜ見崎さんは事件後50年も何も話さなかったのか……。
　その後、疑問を確かめて行くと福竜丸事件について焼津市民は非常に敏感な事やイデオロギーなどいろいろ知る機会が増えてきた。
　確かに事件当時、水産業は大打撃を受け、関係者の方々はご苦労されたと思うが、私は聞けば聞くほど大事な焼津の歴史と見崎さんの思いを風化させては行けないと言う思いが徐々に大きくなっていき、「市民のビキニデー」を提案した。第五福竜丸が被爆した３月１日から焼津港に帰港した14日まで、第五福竜丸に関連したプログラムを取り入れ、政党などにとらわれず、市民を中心としたアートや音楽などで若い世代にも受け入れやすいイベントを企画した。
　第２回目の市民のビキニデーの時、第五福竜丸が被爆したマーシャル諸島をテーマに開催した。
　フォトジャーナリストの島田興生さんの「マーシャルの子供達」の写真展をマーシャル諸島の首都マジュロと同時開催する事もできた。
　島田さんは最初1974年に現地取材を始め1985年〜1991年までマーシャルの首都マジュロに移住してずっと現地の「核の被害」の取材をされていた。
　３月１日の初日にはマーシャル諸島・ロンゲラップ環礁出身のアバッカ・アンジャインさんが来場してくれて、見崎さんと会談する事ができた。その中で見崎さんはポロッと言った。
　「水爆実験のあったマーシャル諸島に行けるなら行きたいや〜っ。あたしらは船だったもんで逃れれたけん、島の衆は逃れれないし大変だったらや〜」
　この言葉を聞いた時に、私は見崎さんと一緒にマーシャル諸島に行きたい

第7章 被曝地マーシャル諸島の現在

と思った。
　「平和運動は市民が中心になってコツコツとやりつづけなけりゃいけないだよ」と見崎さんは言う。この言葉が私の原動力になった。
　見崎さんのお話はいつも穏やかで控えめなのにすごく力強いものを感じる。この思いは必ず次世代に伝えなければと思った。

　その後、見崎さんとのマーシャル諸島行きについてご家族に相談してみたが高齢という事と体調面でも心配という事で見崎さんはマーシャル諸島に行く事は不可能だった。だったら、見崎さんの思いを現地の人達に伝えたい、写真や動画を撮ってきて見崎さんに見せたい、見崎さん達と同じように核実験で被害を受けたマーシャル諸島では今、どの様な状況で生活しているのか確かめたいという気持ちが強くなりマーシャル諸島行きを決心した。
　2011年2月頃に中原聖乃さんから連絡を頂き、8月にマーシャル行きの予定がある事を知り、日程を会わせる事にした。中原さんは中京大学・名古屋市立大学で非常勤講師をしていて平和論と南太平洋の文化人類学を研究している。マーシャル諸島にも何度も足を運んでいる。専門家の方と現地で一緒になれる事は心強く期待も膨らんだ。
　私達はマーシャルに行ったらどうしてもビキニ環礁に行きたい。ブラボーショット爆心地を見たいと言う目的があった。アバッカさんや島田さんにアドバイスしてもらいながら、現地と連絡を取り合いビキニ環礁に行く手配をしていたが、どうも状況は悪そう。2月以降、ビキニ行きの準備を進めている所に、3月1日ビキニデーのセレモニーにマーシャル諸島ビキニ環礁の自治体首長、アルソン・ケレンさんが来る事を知り、直接お話をする機会に恵まれた。その時に見崎さんとも会談する事ができた。
　アルソン首長は見崎さんとの会談をとても喜んでくれて固い握手をかわし、「第五福竜丸のキャプテンに会えた事を誇りに思う。今回の旅で見崎さんに会えた事が一番良かった。」と言っていた。
　その後、アルソン首長は焼津市長の所に表敬訪問に行き、ビキニと焼津市を平和友好都市にと言う話をしに行って来たと言っていた。その話の流れで焼津市長も8月にマーシャル諸島を訪問するという。私達も8月にマーシャルに行く事を伝え、同行させて欲しいと伝えた。
　私は、事の流れがあまりにも偶然というか奇妙でマーシャルに行くためのすべての出来事が追い風で、何か見えない力が働いている様に思えた。

その数日後、3月11日、東日本大震災と福島第一原発事故が起きた。まさかの原発事故。テレビで何度も流れる、原発の爆発映像をみて放射能に対してすごく恐怖心に駆られた。マーシャル諸島では57年経ってもまだ放射能に苦しんでいる。もしかして、福島も同じようになるのか？　と思うとますますマーシャル諸島に行きたいという思いが強くなった。

　期待と不安を胸にいよいよ出発。マーシャル諸島は日本から約4500km離れていて、ちょうどグアムとハワイの間に位置している。29個の環礁と5つの独立した島、全部を含めてマーシャル諸島共和国と総称する。小さな島も含めると1200を超える島々がある。

　8月15日に名古屋中部国際空港から出発してマーシャルまでの直行便はないため、まずはグアムでトランジット。ちょうど、終戦記念日だったのでレンタカーを借りて太平洋戦争国立歴史公園に向かい、アサン海岸でお線香をたき、戦争犠牲者への供養をした。太平洋平和巡礼の旅のスタートだった。

　翌日、いよいよマーシャルに向けて出発。マーシャル諸島マジュロまではアイランドホッピングと言う路線で、ミクロネシアの島々の人達の重要な足になる。人々を運ぶだけでなく物資の輸送にも使われている。

　チューク、ポンペイ、コスラエ、クワジェリン、マジュロとミクロネシアの島々を乗り合いバスのように経由地ごとに乗客が入れ替わる。島の人達はみんな正装で搭乗、アロハシャツやムームーを着て、首にはレイをかけていたり、花飾りをつけたりで機内はとっても良いお花の香りに包まれている。

　空から眺める環礁も青い空もここからは一気に南の島だ。各島々の乗り降りを繰り返し9時間後位にやっとマジュロの空港に到着。空港といっても日本にある様な大きな空港ではなくとても小さい。飛行機を降りて建物までは滑走路を歩き、建物は1階建てで入国検査とかも機械を使う訳でもなくとても和やかな雰囲気。

　アイランドホッピングの路線になってミクロネシアの島々の空港はすべてがそんな空港だったのでマジュロの空港ではもう当たり前のようになっていて驚きはなかった。グアムを朝に出発したのに到着した頃にはすっかり夜になっていた。

　やっと、念願のマーシャルに到着。心地よく吹く風、目の前の海、ヤシの木、これから1ヶ月どんな事が起こるのかわくわくしていた。

　まず、空港から1本道を20分位走りホテルに到着。暗くて景色は余り見えなかったけれど、何か昭和にタイムスリップした感じを受けた。

　翌日、先にマーシャル入りをしていた中原さんからの置き手紙があり合流

第7章 被曝地マーシャル諸島の現在

する事になりマーシャル生活のスタート。

　初対面の中原さんは現地の方のお家にホームステイしていて、もうすっかり小麦色に日焼けしていた。まずマーシャルのローカルフード屋さんを案内してくれみんなでランチを食べた。ローカルフード屋さんといっても現在のマーシャルではお米が主食で食べ物はアメリカからの輸入食品がメインになっていて食べ物は完全にアメリカナイズされていた。ココナッツを使ったジャカルーというジュースやアイキューという甘いオートミールがあった。アイキューは日本語の「配給」が語源で日本が統治していた時代につけられたそうだ。それ以外にもチャンポが散歩、ジョーリがサンダル、チャチミが刺身、ラーミンがラーメン、アタケが畑、などなど聞き覚えがあるマーシャル語が多数ある事を知った。中原さんはすでにマーシャル入りして何日か過ぎていて海面上昇の事やマーシャルの養子縁組の事や被爆者の方々の聞き取りなどしていた。後日、私達も一緒に被爆者の方々にお話を聞かせてもらう事にした。

　その翌日には焼津から市長達が来ると言う事で行事に同行させて頂いた。ビキニ環礁自治体のオフィスでの会談、アレレミュージアムの見学、現在ビキニ島の人達が住むエジット島訪問などだった。エジット島はマジュロ環礁の中の一つの小さな島で島民をあげての大歓迎で出迎えてくれた。ヤシの葉で編んだじゅうたんを敷きつめて、教会でのミサ、島民は正装、ローカルフードのご馳走、歌や踊りを披露してくれマーシャルの伝統文化を堪能する事ができた。市長達は仕事が忙しくとんぼ返りだったが貴重な体験をさせて頂いた。

　数日後、被爆者の女性達、7名にお話を聞く事ができた。市長と同行した静岡新聞の高松記者も同席した。7名のおばあちゃん達は皆ロンゲラップ環礁で被爆していた。3月1日、水爆ブラボーが行われた時、ビキニ環礁の島民は実験数日前に知らされ、近くにあるロンゲリック環礁に避難していた。しかし、ロンゲラップ環礁の島民は何も知らされる事もなく実験時も島で普通の生活をしていた。第五福竜丸が被爆したのはビキニ環礁とロンゲラップ環礁のちょうど真ん中位の位置にあたる。

　7名のおばあちゃん達は一人ずつその当時、子供だった時のお話を詳しく話してくれた。突然大きな音が鳴り、その後もの凄い振動と窓が割れる位の風が吹いた。数秒後、虹色に光る閃光をみた。きれいだった……。

　当時、子供だったおばあちゃん達は何がおこったのかわからずに「死の灰」をあびた。せっけんだと思ってシャンプーしたという。その後3年間、

髪の毛が生えてこなかったと。一番、衝撃的だったのは7人のおばあちゃん全員が5回から10回の流産、死産を繰り返したと言う。生まれてきてもすぐに死んでしまう事もあるとお話してくれた。

　おばあちゃん達は笑いながらその話をしてくれたけれど、その時の苦しみは、はかりしる事はできない。苦しみだけではなく、また妊娠しても流産するのではないかと言う不安とも戦わなければならない。

　その上、自分達も甲状腺などの健康被害が出ている。島民の身体を少しずつ蝕んでいく放射能の脅威。その後の治療もしてもらえず、完全に人体実験だ。

　最後に見崎さんの著書『千の波　万の波』から抜粋したものをメッセージとして伝えた。そのメッセージをおばあちゃん達は涙をながしながら聞いてくれた。私も自然に涙がながれていた。その時のおばあちゃん達の表情は見崎さんとすごく似た表情だった。そして、今度はおばあちゃん達が一人ずつ見崎さんにメッセージをくれた。

　「見崎さん、ありがとう。あなたの言葉を聞くことができてとても幸せです。あなたの言葉で心が動かされました。私たちの体験した物語を、伝え続けていくきっかけになります。一番大切なことは、心を一つにしていくことです。ありがとう。キャプテン。」

　「見崎さんの心ある、あたたかな言葉が聞けてとても幸せであると同時にとても悲しい気持ちです。私はあなたに会って、顔と顔を合わせ、もっと深い心の経験を一緒に分かち合う事が出来なくて、とても悲しいのです。しかし、今それが難しいことは、わかっています。いつかきっと会えることを、願っています。」

　「見崎さんあたたかい言葉をありがとう。今、こうして思いが一緒にある事こそが、私たちの強さとなるのです。そして、あなたの言葉が私達を力づけてくれます。お互いの時間と場所で、共に平和と正義を祈り続けましょう。私の心を動かす力のある言葉をありがとう。感謝します。お身体を大切に。」

　「お互い、年をとったけどがんばりましょう。キャプテンに会う事ができなくても、あなたの想いを感じる事ができます。お互いの平和を共に祈り続けましょう。」

　「広大な海で船員を引き連れてキャプテンはとても勇敢だ。何が起こっても負けなかった、重大な事に負けずに立ち向かった。彼は本当に強く勇気のある人だ。たとえ、悲しみがどんなに深いとしても、前に進み続けなければ

ならないのです。キャプテン、あたたかい言葉をありがとう。本当に感動しました。そしてできれば見崎さんに会いたかった。」
　見崎さんは行けなかったけどそこには見崎さんの姿があったような気がした。そして、「見崎さんのメッセージを焼津から持ってきてくれて本当にありがとう。」と言ってくれた。
　その日の夜は、ずっと見崎さんとおばあちゃん達の事で頭がいっぱいになって、涙が止まらなかった。
　もう1年早く計画していれば見崎さんもマーシャルに来る事ができたかもしれない。おばあちゃん達が見崎さんに会いたかった様に見崎さんもおばあちゃん達に会いたかっただろう。

　マーシャルに来てから数日がたっていた。
　念願のビキニ島に行きたい。と言う思いでいろいろな人達を頼りにお願いをしていた。しかし、飛行機が飛ばないとか船が出ていないとか、いい返事は返ってこない。
　聞いていてわかった事はビキニ島出身の人達でさえ離島後に島に帰った事がないと言う人達もいた。そう簡単に行ける場所ではないと現地に行って初めてわかった。自分の中で少し諦めかけていたが、思いは叶うと信じていた。
　それから少したち、朗報が入った。市長が訪問していた時から通信社の方達も取材に来ていた。福島の事もあり同じ放射能被害にあっているビキニ島に取材に行くかもと言う情報だった。早速、通信社の人達に確認してみた所、予定していると言う事で、是非、私達も同行させてほしいと伝えた。まだ飛行機が故障中で出発は未定だと言う。
　数日後に出発できそうと連絡がきた。しかし、前日にパイロットの飛行時間オーバーのため、中止と言われて落ち込んだ。マーシャル在住の日本人から言わせるとマーシャルではその様な事は日常茶飯事だそうだ。翌日は大丈夫だとまた連絡がきた。最後のチャンスだという。
　雨も降っていて本当に飛べるのかドキドキしながら早朝6時に空港にいった。
　エアマーシャルのチェックインカウンターに向かったが誰もいなかった。本当にフライトがあるのか？　ないのか？　通信社の人達も飛行機の手配を熱心に交渉してくれた人は結局、予定していた日に飛行機が飛ばなかったため、帰国していた。1人残った女性記者は不安そうだった。
　そのうち、エアマーシャルの人達もやってきて、一緒に行く元ビキニ島民

の人達もやってきた。一安心。まあ、これがマーシャルタイムという事だ。マジュロから北西に600キロ、ビキニ環礁に、さあ出発。14人乗りのプロペラ機に元ビキニ島民4名、私達4名、通信社の女性1名の9名で乗り込んだ。

ビキニ首長アルソンもお見送りにきてくれた。取材という事もありブラボーショットの爆心地の上を3回旋回してくれるという。だんだんお天気も回復してきてコバルトブルーの海が見え始めた。もう、ビキニ環礁は近い。

3時間弱のフライトでブラボークレーターの上空に到達した。直径1.8キロというがとても大きく感じた。クレーターの部分だけ濃い藍色でその周りには実験時の残骸がそのまま残されていた。海はとても綺麗だけど実験時の生々しさも残っている。

そこには島があったが一瞬で吹き飛んだそうだ。たくさんのきれいなテーブル珊瑚もかわいい魚達もそこに在るものすべてを一瞬で呑み込んでしまったのだろう。旋回が終わり、すぐビキニ島が見えてきた。上空から見るビキニ島はどこを見てもきっちりとヤシの木が整列していて人工的だった。滑走路があるエニュー島に到着してプロペラ機を降りた。

空港にはメンテナンスのため、交代で滞在しているビキニ島民がお迎えに来てくれていた。滑走路から歩いてすぐの所に不気味な古びたコンクリートの建物があった。聞くと「バンカー」と言う核実験の観測施設だと教えてくれた。しかもブラボーショットのスイッチを押した所だと。鳥肌がたった。そのまま船着場まで行き、用意されていたボートに乗り、ビキニ島に到着した。

目に入ってきたのは整然と並んでいるヤシの木の不自然さと目が覚める様なきれいなエメラルドグリーンの自然な海。複雑な心境。車で島を一周案内してもらった。一緒に行った元ビキニ島民でお医者さんをしていたジェンドリックさんの家があった所に行った。たこの木が鬱蒼と茂っていた。ジェンドリックさんは島に住んでいた時の事を思い出していたのかそこに寝転びしばらく動かなかった。

私達もその近くで横になった。心地よい風が吹いて急に時間の流れがゆっくりになった。57年前まではカヌーに乗り漁をして、ココナッツを食べ、ゆっくり伝統的な生活を送っていたのだろう。この島で生まれ、この島で育ち、ここでの生き方しか知らない島民に突然の強制移住。今もまだ故郷の島に戻れない。戻りたくても。

また、車を走らせた。先にあったのはまた古びたバンカーと実験農園、残留放射性物質を調べているらしい。今もなお、ここで採れたココナッツは食

第7章 被曝地マーシャル諸島の現在

べられないという。
　島の土壌の除染はアメリカが行ったというけれど、その土はどうしたのか聞いても誰も正確な事を知らない。1968年にアメリカが「安全宣言」を出して帰島。しかし流産や体調不良を訴える人が相次ぎ再び島を離れた。ヤシの実などを食べた事による内部被爆が疑われている。通信社の女性が何カ所かで空間線量を計っていて、0.1マイクロsv/h～0.5マイクロsv/hだった。決して低い数値ではない。57年たった今でも。
　念願のビキニの海を眺めながら思う。こんなにもきれいな海に目に見えない放射能の脅威。福島の未来は……日本の未来は……。みんなそれぞれの事を感じ、帰りの飛行機の中は妙に静かだった。

　旅の残りはアーティストに会ったりしていた。ミュージシャンや絵描き、詩人いろいろな人達に会った。
　みんなマーシャルが抱えている社会問題の事をテーマにしていた。アメリカ依存で忘れかけている伝統文化、技術、マーシャル語の復活、捨てる場所のないゴミ問題、このままでいいのか？　マーシャルだけではない。日本も、いや全世界が同じような状況だと思う。
　ビキニ首長アルソンは自分たちの伝統技術を取り戻すため、若者の更正のためにカヌースクールを実践している。聞けば、アルソンは焼津にも来た事があるホクレア号の船長チャドさんとカヌーメイトだった。
　太平洋は広いけれどすべて繋がっている。とても嬉しかった。希望の光がさした。もっともっとマーシャルと焼津がつながってほしい。マーシャルの事を知ってほしい。
　マーシャルの人達はとにかくやさしくてあたたかい。人と人の繋がり、コミュニケーションを大事にしている。そして純粋だ。人に会って嫌な思いをする事はまずない。皆、日本語でのあいさつも気さくにしてくれる。困った事があれば自分の事の様に手助けしてくれる。当たり前の事なのに日本にいると忘れてしまう、時間に追われてか、情報に追われてか、知らない間に麻痺していく。それが徐々に無関心になっていく。
　マーシャルに行って大切な事を思い出した。今回のマーシャルの旅は「考える」と言う事で自分の心をすごく豊かにしてくれた。
　2007年、ホクレア号の日本航海と共に自分の中で「核」に対しての意識が変化した。すべてここがスタートだった。
　その時には気づかなかったけれど今思えば、マーシャルに行く事になった

のもこの時に決まっていたかに思う。私に与えられた何かを感じる。
　福島原発事故で核の平和利用をめぐる政治、経済、社会の病気が完全にあかるみになった。みんなも今、気付きはじめている。足下をしっかり見つめて、今は声をあげる時だと思う。今変わらなければ。
　マーシャルの人々も前向きに頑張って実践している。アメリカに依存しない生き方を。日本も変わる時代だ。みんなで力を合わせて「脱依存」を目指していかなければならない。

南の島で世界が広がった　　　　　　　　　　　　　　　　　池谷千穂

　私は1980年生まれ、現在31歳。日本で戦争があった頃のことも、焼津で平和運動があったことも知らない。学校で習った歴史、写真や映像、人から話を聞いたことはある。しかし、現場を見てはいないし、体験もしていない。
　昔の出来事として捉えているだけで、自分の生活とは関係ないものだと、なんら平和に過ごしてきた。

　2011年3月11日。東北で大震災がおこった。地震・津波により、原子力発電所は放射能をまきちらした。存在する全てのものが、放射能に汚染された。放射能は浴び続ければ死んでしまう。飲食物からの摂取でも内部から被爆して体内に留まり、蓄積され、がんなどの病気になってしまう。つまり、毒。
　毒が、日本から世界に放出してしまった。地震後の数日、TVでは地震関連のニュースのみ。CMも決まったものを繰り返し。ただごとではない状況は身をもって感じた
　福島県のほうれん草から放射能が検出された。食べると危険だということで、出荷停止、回収となった。新聞でも、空間線量が記載されるようになった。被災地では、放射能を恐れて西へ避難する方もいた。
　「ただちに影響はありません」
　本当に影響はないのだろうか？　現在の日本のメディアでは、放射能の影響で体に異変があるということは報道されていないように思える。本当のことが隠され、うそが飛び交っている。
　恥ずかしながら最近知ったことは、原子力発電所は核の平和利用として使用が認められたこと。日本とアメリカの関係、お金の流れ、メディア操作、今までなんの疑いもなく過ごしてきた世界がくつがえされるような情報が、私の耳に、心に飛び込んだ。

第7章 被曝地マーシャル諸島の現在

　今の日本は怖い。いや、前からあったことを、私が知らなかっただけだ。福島の事故により、私の意識は変わった。

　2011年8月17日マーシャル諸島に到着。
　大きくわけてドイツ、日本、アメリカの統治下でもあったマーシャル。
　祖父が日本人だった、という人や、苗字が「モモタロウ」「チュウタロウ」という方もいて、「アリガトゴザイマス」「コンバンハ」という日本語を知っている人も少なくない。
　声を掛ければ皆笑顔で答えてくれて、温かいマーシャル人とたくさん出会うことができた。
　南の島なので、沖縄のようにマーシャルタイムも存在し、ゆっくりした時間もあったが、様々な事が毎日あり、あっという間に過ぎていった。
　焼津市長がビキニ環礁の市長に招待され、私たちも3日ほど、同行させてもらった。（私は1日風邪のためお休みしたが……）マーシャル諸島の議員や市長達15名程の会談に、焼津市民として参加することもできた！
　焼津市長は、ビキニ環礁が世界遺産になり喜ばしいこと、第五福竜丸事件のこと、核をなくしていきたいことなどを話した。
　マーシャルでは、平和ミュージアムを作ろうという市民の声があがり、マジュロ市に建設の予定だという。私としては、つながりのもとに、ぜひとも焼津市と友好都市になることを願っている。
　時間と、タイミングがあり、ビキニ環礁へ行くこともできた。負の世界遺産といわれるビキニ。上空からのクレーター、目の前で見る海、皮肉なことに、とても美しかった。眩しくなるほどの青、グラデーション。目で見るものは写真とは違った。
　建物は少しの廃墟と、管理者の住む施設、ダイビング観光者施設。島は静かだった。島はアメリカによる除染がされていて、海のそばは0.3マイクロシーベルト。しかし、除染した土はどこへやったのか誰も知らない。
　椰子やレモンの木が並んで植えられていた。その実をとって、放射能を調べるという。砂地の野菜畑、実験農場もあった。今は栽培していないのか、井戸のようなものは枯れていた。
　異様な光景だった。私が見たビキニは、管理され、安全を確認している状況だった。かつて家があった場所には、大きいタコの木が生い茂っているだけ。人々が生活していた島にはみえない。
　島から強制移住させられた人々は、アメリカ依存の暮らしになってしまっ

ている。米やお金の配給があり、食べ物は他国のものばかり。
　帰りたくても帰れない。帰ってもそこでの生き方がわからない。

　小学校で数学を教えているという日本人男性に会い、授業をお借りして日本や福島へのメッセージを描いてもらった。
　13歳25人のクラス。クラスで日本の津波被害を知っている子供は一人。
　マーシャルの水爆実験は「BOMB」「POISON（毒）」として捉えているだけのようで、理解をしている子供はいないようだった。学校では教えていないのだ。
　多くの被爆者が同じ島に存在しているというのに、過去のこととして水爆実験をやり過ごそうとしているのだろうか。知らなければいけないことなのに、国の方針なのだろうか。
　子供たちは私たちが来たことを笑顔で迎えてくれた。その無垢な笑顔が、なんだか切なく思えた。日常になると、生活で時間が過ぎていく。朝起きて、仕事や学校に行ったり、家事をしたり、遊んで、日が暮れる。慣れてしまうこと。
　当時被爆した方は年をとり、現場にいた人間がいなくなっていく。語り継がれることが減っていく。

　水爆実験はあらゆる被害をもたらした。ビキニ環礁の隣、ロンゲラップ環礁では、水爆実験時、避難勧告もなく、多くの住人が被爆した。
　滞在時、マーシャル前国会議員、アバッカ・アンジャインさん（ロンゲラップ）とロンゲラップの女性たちにお話を聞いた。当時子供だった女性たちは、目の前で起こった出来事を話してくれた。第五福竜丸の漁労長だった見崎さんの言葉を伝えると、涙していた。
　子供たちと、ヒバクシャの方の距離は大きいのではないか、と思った。現在子供たちは平和そうに見えるが、昔とは違う今の生活に慣れ、伝統や言い伝えはイベントの時に踊るダンスや、女の子は海に入らない、など垣間見ることしかできない。
　食文化は大半アメリカのもの。昔は漁をして筋肉隆々だった成人男性は皆太ってしまっている。外ではバレーボールやバスケットボール、図書館では学校が終わった子供たちがインターネットでゲームやフェイスブックをやっている。アメリカ依存が蔓延している。しかし、それは日本も同じことだと気づいた。日本の方が酷いのかもしれない。

第7章 被曝地マーシャル諸島の現在

　大型ショッピングモールで買い物をし、消費社会でゴミをたくさん出し、ファーストフードを食べ、車が走り道路ができ、原発も爆発してしまった。立ち止まる必要がある。今を見直す必要がある。それは、今なのだと思う。
　ビキニの前市長、アルソン・ケレンさんはカヌースクールを始めた。
　伝統をつなげる為、若者を更正させる為のプロジェクトだ。素晴らしい試みだと思う。建物内ではたくさんの若者たちが木を削ったり、ヤシの葉を編んで帆を作ったりしていた。
　私たちもカヌーに乗ってみた。ラグーンで風を切りながら走るアウトリガーはとても気持ちが良かった。
　モーターボートが無かった時代はカヌーが必需品で、島々を行き来していたのだろうな。昔のマーシャルに思いを馳せる時間だった。
　日曜日はほとんどの人が教会に行き、家族で一日を過ごす。大家族で住んでいるマーシャル人は家族の絆がとても強い。それはたくさんある環礁も同じようだ。
　今回の旅行で、マーシャルを訪れることができてとても良かった。今を見ることができた。もっともっとたくさんの人に、知ってもらいたい。そしてつながっていきたい。
　私はまだ上手くマーシャルを語ることはできない。でもぜひまた行きたいと思う。もっと知りたいと思わせる魅力がある。
　誰の側につく、とか、政党でわける、とか関係なく、いつでも中立の立場でいたい。現場に行かなければわからないし、会ったこともない人のことを判断はできない。
　自分の目で見て、自分が会って、感じることは自分の感情や答えであると思う。今までの過去を知らない人も、触れてみて始めて感じることがある。わからないことを即刻決め付けてしまうことはできない。
　世界が広がった、とても良い体験だった。

第8章　地域からの発想・地方からの発信

　2010年11月7日、鳥取県倉吉市で「ピースクロス」という市民団体を組織して活動している池原正雄さんを焼津市に招き、講演会とシンポジウムを行った。テーマは「地域からの発想・地方からの発信」。

　池原さんの講演は、これまで枕詞のように使われてきた「唯一の被爆国」、「唯一の被曝国民」という言葉の背景にある歴史観を問い直す、という内容だった。シンポジウムでは「地域の問題」をどう発信していくのか、焼津市の場合、第五福竜丸事件という歴史体験をどのように伝えていくのか、という課題に議論が集中した。

　このイベントは、冒頭アトラクションとして、エコファーマーで町おこし行動隊長、ゴジラ・ファンのシンガーソングライター小畑幸治さんが自作の焼津の歌を2曲披露した。

最大の常識「唯一の被爆国」観の打破

池原正雄（鳥取「ピースクロス」世話人）

　皆さんこんにちは、鳥取から参りました池原でございます。

　三年前に初めて3.1ビキニデーに焼津を訪ねまして、その時市民運動の方々と素晴らしい出会いがありました。そういうことがご縁で、契機となって、一昨年は本大学（静岡福祉大学）のキャンパスに被爆したアオギリ二世を植樹していただきました。そして、昨年は焼津市の平和式典（6.30集会）に同じくアオギリ二世をお願いすることになったわけです。そうしたご縁の上に今こうして私がここに来させていただいたわけです。人と人との出会いがこの焼津を私にとってかけがいのない町にしてくれたじゃないかと思います。そうした取り組みのつながりを大切にしていきたいと、そんな気持ちで今日ここに来させていただきました。

　私は、平和運動家でもなく、どこにでもいる町のおじさんに過ぎません。そうしたどこにでもいる市民が平和について考えることができる、その一端を今日は話をさせていただきたいと思います。

　私は、鳥取ピースクロスという市民グループの世話人をしていますけれど

も、来年で10年になります。会則はありません。ただひとつ会員の間の無言の約束というのは、社会の不条理と自己とのかかわり、それに自分がどう、たとえ小さくても行動できるのか、そういうことだけなんです。そうしたゆるやかな人と人とのつながりというのを重視していけたらいいなあと思います。

　私は、平和人権の取り組みについて、次のような視点を大切にして歩んできました。それは、くわしいことは述べませんが、常識、当たり前ということについて一度疑問を持った方がいいんじゃないだろうか。この点についても、今日のテーマである「唯一の被爆国」という歴史観をどうやって打破するか、そのことにも通じる問題であると思います。

　それから、解決すべき課題相互の共通性、ハンセン病問題、アイヌ問題、部落問題、今までどちらかというと縦割り行政的に取り組みがなされてきたわけですけれども、たとえばそうしたものの一見違った別の問題と思われるなかにも相互の共通性があるのではないか、そういう観点から言いますと、アイヌ問題はもうひとつの部落問題でもある、ハンセン病問題は、アイヌ問題でもある、という視点を大事にしてきたつもりであります。

　それから、物事を考える場合に、一面から見ないで、多角的に物事を判断していく、そういう習慣というものをやはり身につける必要がある。このことによって、全体像、本質にせまることができるのではないかと。

　そして、今日の課題にも通じることでもありますが、足元を掘る作業、地域とのかかわり、日本的なそして世界的な重大事件というのが焼津とどうかかわっているのか、そういった視点を持ちたいと思います。「灯台もと暗し」という言葉もありますけれども、一番足元がとかく見えにくい。そういう視点をもう一度掘り起こしていけばいいなあと思っております。

　さて、被爆者という言葉の中には、爆発の被爆とあびる被曝とカタカナのヒバクの三つがあります。被爆国という場合に、広島と長崎にしか使われません。広島・長崎ににしかつかわれないことが「唯一の被爆国」というのもまた変なことですね。いろいろなことがあって、その中で広島と長崎が特別だというならばまだわかるのですが、広島と長崎にしか使わない言葉を「唯一の被爆国」というのもおかしいんじゃないかと思います。そして、焼津をはじめとするビキニの場合は、あびる方の被曝者となります。

　なぜ、同じ核被害でありながら、こうやって分けなければならないのか。核の被害というものを広島・長崎だけでなく世界史的な視点で見つめようということがカタカナのヒバクシャなのです。これは今からマスコミから言わ

れ出したことですけど、マスコミ自体が、8月が近づいて、広島・長崎の原爆忌が近づくと「唯一の被爆国日本」は、という言い方で取りあげる。マスコミ自体が言い出したことをマスコミ自体が否定している。そういうことが一面あるんじゃないかと思います。そのことが「唯一の被爆国」ということを常識として日本国中に広めてしまったんじゃないか、そういう気持ちを強くもっているんですね。

　私が反核運動といいますか、非核の運動という平和運動にかかわってきた原点というのは、私が大学3年のときに、そこに書いてあります（注）東京都の武藤宏一さんの新聞記事にものすごく大きなショックを受けたわけです。そのことが第五福竜丸を保存する運動にかかわるきっかけになりました。

　しかし、取り組みの動機はこれだけでなく、私は1945年10月10日の生まれで、数日違いの同級生がいたんです。長崎で被爆した同級生です。なぜ、8月9日から3ヶ月も経過したものが被爆者なのかおわかりになりますか。その方は被爆者手帳を持っている。お母さんのお腹の中にいた胎児被爆です。直接被爆した人だけが被爆者ではないのですね。胎内被爆、そして被爆者の看護にあたった人、1週間以内に半径2キロ以内に入った人は被爆者手帳を持っています。

　彼が語ってくれた言葉は今でも忘れません。「俺はなあ、池原よ、就職とか結婚とか、そうした大きな節目の時には、一旦1945年の8月9日に戻らないと将来は見渡せないんだよ」、そのことが、今でも強烈に言葉に残っています。彼は交通事故で亡くなりましたけれども、そうした私の、大事な友人の問題としてビキニは突きつけられたわけです。だから人ごとにはできなかった。

　考えてみますと、沖縄、広島、長崎、部落、性的マイノリティ、ハンセン病、アイヌ、みんな私にとって大事な友人を抱えている問題なのです。それが、私の平和・人権運動の原点なのかもしれません。私の大事な友人が苦しんでいる。一緒に解放の喜びを味わいたい、その思いで今日まで歩んできたつもりです。なかなか実現は難しいけれども、気持ちだけは、そういうことを大切にしていきたいな、と思っています。

　これから話すことは、みなさんは承知済みことで、私からあえて話すこともないと思いますが、とりあえず聞いてみていただきたいと思います。

　広島は、最初の被爆地ではなく、長崎は最後の被爆地ではない。広島以前も沢山のヒバクシャが出ている。被曝を考える場合に、多くの人は広島から話を始めます。それは大事な世界のカタカナのヒバクシャを抜かしているん

じゃないかなと、そういう気持ちを強く持っています。検索

　広島に原爆を落とす前に、核実験をしなくてはなりません。これがうまく作用するかどうか。そして、1945年7月18日に世界で最初の核実験がニューメキシコのアラモード核実験場で行われました。そしてそこで沢山のヒバクシャが発生した。さらにその前に、マンハッタン計画によって、核施設が作られた。そこでも核物質の汚染でヒバクシャが出た。さらに原爆の材料となるウラン採掘によってアメリカ先住民のナバホ族やホピ族、アフリカのコンゴ、カナダのデーネー族、その他いろいろな人たちがウラン採掘で被曝している。昨日、当大学の加藤先生が、最初の核の被害者はキューリー夫人たちの研究室から始まった、といわれました。そこまでは、私は気づきませんでした。

　広島以前に沢山のヒバクシャが出た。そして長崎以後、2000回以上といわれる核実験が行われた。ビキニもその中に入っている。南太平洋の美しい海は、世界の列強の核実験場と化した。その中のひとつが、1954年3月1日のビキニだったわけです。

　被害者から私たちがとかく抜かしてしまうことの中にウラン採掘があります。それから核の被害となかなか結びつかないんですけれども、イラクやアフガンで今使われている劣化ウラン弾。核燃料の中の原発や核開発に使った残りかすです。残りかすだから劣化している、被害は少ないと。冗談じゃない。劣化ウランの被害にどれだけの人が苦しんでいるか、アメリカ兵さえも苦しんでいる。そしてものすごく強い爆撃力をもっていますから、普通の爆弾では打ち抜けないような鉄板の戦車も打ち抜くことができる。そして、土地の住民は、こわされた戦車を鉄くずとして売る、そこで核被害を受けてしまう、という悪循環が今も続いているわけです。核は今日の問題です。しかし、核被害としてなかなか受け止められにくい。チェルノヴィリのように原発の犠牲者もなかなか核被害とは受け止められにくい。

　今、外国人も被爆者手帳を受けられるようになったのに、北朝鮮の場合は、国家間にいろいろとごたごたして複雑な問題がある。それ故に北朝鮮とは国交がないために日本の被爆者手帳を受けることができないんです。韓国は受けることができる。そういうこともどうしても抜けてしまうのです。

　それから私は思うのですが、さっき妊婦さんたち、おなかにいる子どもヒバクシャだといいましたね。生まれれば胎内被爆者です。でも、お母さんもお腹の中にいる子も亡くなった場合、2人として犠牲者の数は数えられていない。お母さんだけの数しか数えられていないのではないか。

私がこのことに気づかされたのは阪神大震災の時に、母子とも亡くなった人がいるんですね。その連れ合いさんが、地震がなかったら子どもが産まれていたんだ。だから亡くなった子どもの名前を連れ合いさんが西宮市に申請して、その産まれなかった子どもも、胎児何ヶ月と書いた。それを見たときに涙をこらえることができなかった。

　どれだけ核の被害や戦争被害でお腹の中にいる人たちが亡くなったことだろうなと想うわけです。その時、2人として数えるんだろうか、それを受け止めた西宮市も立派だと想うんですね。だからそういうこともやっぱり抜け落ちているのではないかと思うのです。私たちは、数え年は生まれたときに1歳と数えるんですね。なんだか実態に合わないなという気もするんですが、生まれたときを1歳とする習慣は古くさいと思われるかもしれませんが、胎児の命は数えているんです。産まれたら1歳なんです。お母さんのお腹の中にいる命を数えているのが数え年です。私はもう一度、そのことも見直していいんではないかという気がしているんですね。

　さて、日本の原子力開発は、1955年から始まりました。ビキニ事件のあくる年です。その時、真っ先に原子力発電の建設が始まりました。日本の核開発が始まったんです。その時に原料となるウラン採掘をしなければならない。真っ先に日本の中で掘られたのはどこか。鳥取です。私の町からも掘られました。ウラン残土というのが軒先に放置されたままだったんです。ウラン残土といいますが、ウランを取った残り滓ではありません。ウランを含んだ土だったのです。そして沢山の人が被曝者と同じようにガンで亡くなり、今も苦しんでいます。アメリカのポピ族の人たちが倉吉にやってきてシンポジウムを開いたときに、「あなたも私も同じ核の被害者ですね」と言い、手を取り合う姿が今も印象に残っています。

　長崎の原爆投下については、あまり知られていないんですけれども、ちょっと話します。最初、米軍が目指した原爆投下は小倉でしたね。小倉が曇りでなかなか落とせない。時間は迫る。そこで第二目標の長崎に落としたんです。それはほとんどの人が知っている。ところがテニアンまで帰らなきゃいけない。小倉で一生懸命、曇りが晴れて落とす場所を探すのに時間を要した。燃料の量がない。テニアンまで帰れない。さあ、どうしたか。沖縄に寄ったのです。沖縄で給油したのです。すでに沖縄が米軍制下にあったために沖縄で読谷かどこかで給油してテニアンに帰ります。

　広島の場合は、テニアンから来てテニアンまで帰った。つまり、沖縄が米

軍制下にあったがゆえに長崎に落とすことが可能だったのです。そういうことも知られていないことですね。そういう歴史の上になっていることです。

沖縄の被爆者、これも抜け落ちた点です。27年の米軍制下は、本土の法律が適用になりませんでした。だから被爆者援護法も、医療費の国家負担も10年遅れたのです。

私は1945年、戦後生まれだといいました。私が体験したことは、戦後体験のかなり多くの人が体験したことだと思いますが、私が体験したことで戦後史の全てを語ってはいけないということを学んだことです。そして憲法番外地にいる人がいかに沢山この日本の中にいることか、そのことも気付かせてもらえるようになりました。

　もうひとつ大事なことは、在韓被爆者のことです。

唯一の被爆国という時に日本人だけが被爆したような錯覚にとかく陥る。ところが被爆した人は、ビキニも当然ですが、韓国人・朝鮮人・中国人・アメリカ人捕虜も被爆しているんですね。長崎には、連合国の捕虜収容所がありました。アメリカは知ってて落としたのです。当時、アメリカにはかなりの情報能力があったと思うのですが、長崎に連合国の捕虜収容所あったということをアメリカは知ってて落としたかもしれない、という疑念を私は拭い去ることができません。

ところが、韓国、北朝鮮もそうだと思うんですけれども、広島・長崎に原爆を落とされたことで朝鮮人や中国人が解放されたんだという説が最初流れたのです。原爆投下は植民地支配の解放なんだ、そういう捉え方が韓国では行われた。同時に、日本に協力した特攻隊や陸軍や海軍、軍隊に入った人は、親日派として、裏切り者としての烙印を押された。だから韓国で、「私は被害者です」と声を上げることはできなかった。

長崎大学の調査ですが、国内の広島・長崎の被爆者よりも精神的苦悩は大きいという報告がある。広島・長崎の在日コリアンの人たちと話しますと、唯一の被爆国という聞くたびに私たちのことは考えていないんじゃないかと。強制連行して、つらい思いをして、その上被爆者になって祖国の人たちからも阻害されるということが、どれだけ日本人の人たちに分かっているのか、そういうことを私に訴えていました。今はだんだん理解が広まってきましたけれども、そういうことがあったわけです。

なぜ唯一の被爆国という歴史観が国民的共感を得て今日まで65年も続いてしまったのか、そのことを考えてみたいのです。

被害者の人数の多さで、とかく被害の大小を考える人が多いんじゃないか、そんな気がします。例えば、広島・長崎の被爆者は70万人といわれています。1954年のビキニ事件の被災船は1000隻といわれているんです。第五福竜丸だけではなかったわけです。平均20人にとしても、ざっと２万人の人が被曝したことになります。そうすると、片方は70万人、一方は２万人だと。広島・長崎は大変だったけど、ビキニはそれほどでもなかったんではないか、そういうことが、どこかに多くの国民の意識の中にあったのではないか、と思えてなりません。そのことを打破するにはどうしたらいいのか。
　70万人も２万人も、「１＋１＋１＋１……」が70万人なり、「１＋１＋１＋１……」が２万人だったと、そこに一人ひとりの喜怒哀楽が奪われたと、親子を奪ったと、恋人同士の関係を奪ったと、一人ひとりの被害から生活からものごとを考えるくせをつけないと、相変わらず被害が大きいと大変だ、被害が少ないとたいしたことがないと思いがちです。

　皆さん、覚えていらっしゃいますでしょうか。沖縄国際大学に数年前に米軍ヘリが落ちました。幸いなことに一人の被害者も出なかった。だからマスコミも取り上げなかった。米兵の中からもひとりも被害者が出ないのに、なぜこんなに大騒ぎするのか。パイロットが上手だったのではないか、と米兵が述べています。これでは命を大事にすることにならない。個々の人々の苦悩の総和として被害をとらえるくせをつけなきゃおかしいんじゃないでしょうか。
　さて、広島・長崎の被害70万人といわれていますけれど、コリアンの人たちは７万人です。１割が朝鮮人だったんです。なぜ被災を受けなければならなかったのか。強制連行の結果ですね。そして、広島・長崎の被害の大きさが日本の植民地支配から目を背けることに繋がってしまった。日本は唯一の被爆国なんだという被害を全面に出したことが、「唯一の被爆国」論を支えていた。もし、アジアの人たちに迷惑をかけたんだと言うことが前面に出たら、たぶん国民的な一致は生まれなかったんじゃないかな、と私は思うのです。
　広島以前、長崎以後の核被害に目をむけず関心を示せなかった一国平和主義、自己中心的平和主義、これが平和運動にも長い間影響を与えてしまった。私は、そういう気がしてなりません。
　今日は学生さんが少ないようですが、学生さんたちに言いたいことは、平和学というのは行動学なんだと。いくら本を読んでも話を聞いても、それだ

けでは平和は生まれない。先ほど歌を唄われた方（焼津市の専業農民小畑幸治さん）は農業のことに邁進していらっしゃる方だと聞きました。環境問題の大切さを訴えられました。いくら本を読んでも、トマトの作り方、米の作り方を呼んでも私に米は作れない。やっぱり失敗を重ねなが、土を耕すにはどうしたらいいだろうか、どういう肥料を与えたらいいだろうか、そういう実践の積み重ねの中で米は作れるんです。平和学とはそういうものだと思うのですね。

　ここは福祉の大学ですけれども、福祉は戦争とは切り離せない、戦争になったら真っ先に切り捨てられていくのが福祉です。憲法第25条のことです。国民の権利がいろいろと書かれていますが、全部否定されてきます。そして戦争によって人為的に傷痍軍人という障害者が作られていく。兵隊になれない障害者は非国民として差別されていく。私は平和学というのは、福祉学の原論として位置づけてもいいのではないかと思います。

　傷痍軍人の中からハンセン病を患った人が出てきます。静岡県に二つのハンセン病療養所があります。駿河療養所とキリスト教関係の療養所。そこにいかれたことはありますか？　ぜひ戦争を見つめる場として駿河療養所を訪ねていただきたい。風光明媚な富士山の眺めがいいところです。眺めがいいだけに辛くなります。

　広島の障害者の方の体験ですが、紹介します。
　息子が戦死したんです。それまで優しかった近所のおばちゃんがその障害者に次のように言いました。「あんた障害者で戦争に出なくてよかったね。」戦争がなかったらこんな残酷なことを言うおばちゃんじゃなかったと思います。
　原爆で足を切断した婦人がいるんですが、その方に「子どもが恐ろしがるから風呂はもう貸せないよ」と言った近所の人がいました。
　障害者の被害を受けた人たちが人権の問題としてとらえられることはあまりなかったのではないでしょうか。平和の問題だけで被爆者はとらえられていたんじゃないでしょうか。その点で福祉を学ぶ者こそ、平和、戦争というものを考えてほしいなという気がします。
　さて、被爆者が何人いるかということは、実質的には被爆者手帳を持っている人が何人いるかということでしか計れません。申請しなければ被爆者手帳はもらえないわけです。この申請するということが非常に困ったものですね。国民年金を払っていても申請しなければもらえない。本人の責任ですよ

ね。あなたは60歳になったらもらえますよ、65歳になったらなんぼ出ますよ、それは言ってくれててもいいと思いますけどね。まあこの話は別ですけど。

　皆さんは、この静岡県に広島・長崎で被爆したひとが何人いると思いますか？　812人。そして焼津市に被爆者手帳もっているひとは何人いると思いますか？　20人。ということは、皆「私は被爆者手帳を持っている広島・長崎の被爆者です」というプレートをつけていないけれどもすれ違っているかもしれない。ひょっとしたら皆さん方の2、3軒隣の人が被爆者かもしれない。なかなか言わないですからね。ということはこの静岡県には、広島・長崎で被爆したと、ビキニで被曝した人と3種類のヒバクシャがいるんです。

　よその県では、ビキニのことはマイノリティ問題、この静岡では、広島・長崎の被爆者はちょっとマイノリティ問題かなという気がしないではないです。だから私が願うことは、この静岡の地で、ぜひとも広島・長崎の被爆者とビキニの被曝者が対談でもしてくれたら最高だな。何か新しいことがそこからうまれないかなという気がしております。

　今、憲法9条に対して意見広告が8月6日に出されます。私は、「被爆アオギリ2世」というペンネームで出ている。そして1年交代で「ゴジラの叫び」で出している。ゴジラをキャラクターにして市民の集いに取り組んでいる姿に私は、大きな勇気をいただいています。

　今日、来させてもらったことに本当に感謝しています。これもたかだか3年前からのつながりがこうして私を焼津に呼んでいただいた。こころから感謝しています。

　どうもご静聴ありがとうございました。

シンポジウム

　パネラーは、基調報告者の池原正雄さん、第五福竜丸漁労長の見崎吉男さん、地元のつくだに製造業者で「かまぼこ屋根の会」代表の清水良一さん、「世界未来予想図プロジェクト」を主催している松野下琴美さん、コーディネーターは「ビキニ市民ネット焼津」代表の加藤一夫（静岡福祉大学教授）が担当した。

　見崎さんは第五福竜丸での体験と漁士としての船内の心構えについて、清水さんは、かまぼこ屋根の建物があった旧港（内港）の保存運動を行い、そこから「かまぼこ屋根の会」が生まれ、町おこしとしての「焼津流平和のつくり方」を焼津市に提起して市民のビキニデーを始めたことを報告された。

松野下さんは、静岡県立大学在学中に国際ボランティアに参加、フィリピンに留学した後、「世界未来予想プロジェクト」（2007年の新潟県中越沖地震の震災支援から生まれた）を主宰して貧困に苦しむ子どもたちの支援活動をしており、その立場から、もっとグローバルに広い視野で焼津の事件を見ることを強調された。

ここでは、基調報告をされた池原さんの発言のみを載せる。

シンポジウムでの発言

●今聞いた中で若い人の平和問題について若い人の関心が少ないということがあったと思うんですが、NPOとか国際交流とか、そういうことでは、私の学生時代よりもよっぽど若い人たちは熱心。そうしてみると果たして平和問題に無関心なのかというと、働きかけをもう少し工夫したほうがいいんじゃないかどうかと、決して冷めていると私は思いません。

鳥取に住んでいますから鳥取大学の平和学講座に私も出させていただいています。学生たち自身が、地域でいろいろなことをやっている変わり者を集めて話を聞こうということを非常に熱心にやっています。そういうことで、もう少し若者を、ただ冷めている、無関心だというだけでなく、いいところを沢山もっているじゃないか、それを引き出すにはどうしたらいいのかということを、若者の能力を開花させる方策を持った方がいい気がします。

地方からの発信ということでひとつ紹介したいことがあります。

ご存知のようにこの静岡福祉大学にも焼津市の市民文化センターにも広島で被爆した被爆アオギリの2世、3世を植えているんですけどね、来年に20年になり、ようやく550配ったんですね。その配ったなかの一つに兵庫県の日本海側に湯村温泉という温泉場があります。そこは若い人にはあまり知られていないんですが、NHKでかつて「夢千代日記」というのが放映されました。

そこでどういう取り組みをしているかというと「夢千代館」というものを作って、そこには原爆の灯を分けてもらい燃やし続けている。広島市の秋葉市長のメッセージもありますし、原爆で被爆した広島市役所の入り口の階段の一部もそこに持ってきているのですね。主役の吉永小百合さんの原爆詩の朗読も聴けるようになっています。広島には被爆者だけの老人ホームもあるんですが、そこに毎年、湯村温泉が贈っている。そして湯を贈ると言うということについては、当然、旅館組合も賛同しなきゃできないわけですよ。旅館組合は宿泊客の方に、「こういうことをやっているんですが、もし出来た

ら、千場鶴の一羽でも折ってください」と呼びかけてます。

「夢千代日記」はドラマですから事実じゃないです。架空の物語なんですが、架空の物語でさえもそういう具合に大事にやっている。広島、長崎、沖縄ということになると、最初から頭から平和を考える地だということになりますが、まさか湯村温泉で平和を考えるとは思わなかった。そういう具合に観光と平和・人権をセットにした町というのは、あまりないんじゃないかと思ってます。

そういう点で、焼津も利用できることは利用してもらえるとうれしいなという気がしています。

●たとえば福祉だといろいろなボランティアがあるわけですね。そういう中でさっき言ったように、ちょっとでいいから「平和というのは福祉にとっても大事なんだよな」、ということをちょこっとそこに入れる。そういうことから初めてみるということも大事なことじゃないかなと思います。

こういうことも心の隅っこに置いておいてね、という感じで広がっていくんじゃないかと思います。私は焼津にくるまでに『静岡新聞』を取り寄せてそれなりに、3.1ビキニデーがどういう状況だったのか調べてみました。長い間、市民の声が全然出てこないわけです。焼津ってどんな町なんだろうと。原水協と原水禁のことしか新聞に載らない。

私が初めてビキニデーに来た時に、それまで気付かなかったんですけど、例の武藤宏一さんの新聞投稿の一番最後に「いま、すぐに私たちは語り合おう。このあかしを保存する方法について、平和を願う私たちの心を一つにするきっかけとして」とあります。第五福竜丸保存運動を通して、原水協だの原水禁だのと対立だけしてもいけないんじゃないかと。保存をきっかけとして、それを乗り越えて一つにならないといけないんじゃないか、というメッセージに3年ほどまえにやっと気がついたのです。だからやはりそういう点では、この投書というのは重いんじゃないかという気がするんですね。

それから、今日、最初にアトラクションとして歌を唄われましたが、私は、そういうやりかたをもうちょっと採用してもいいんじゃないかなと思ってます。自分の好きな方法、自分の好きなやり方で平和や人権にかかわっていく。好きなことだからくたびれないわけです。長続きするわけです。例えば、歌一つつくるにしても若い人に作曲をお願いする。そうして若い人が発信すると、大人も若い人が頑張っているのに、という気持ちになってくるんですね。

これまでは年配の方が若い人に伝達するというのが一つのパターンだったんだけれど、若い人が年配者を変えるという力も私は信じています。

そういう点でいうと、例えば音楽でもいい、短歌でもいい、それから絵手紙でもいい、例えば、こういうはなしを聞いたとか、沖縄へ行ったとか、広島に行った時に、私は何もできないけれども、短歌だったら自分思いを伝えることが出来る、ということだったら無理はないですよね。あなたはこういうことをしてくださいと言うと、私はちょっとそれはできないけれども、ということになります。だから自分の好きなやり方をもうちょっと平和や人権に生かしていくというのも一つの方法ではないかなという思いがいたします。

● よそから来たものがちょっと失礼なことを言いますが、焼津のひとたちに提言といいますか、こういうことをちょっと考えて頂きたいということで最後に申し上げます。

一つは焼津ということをもう少し知ってほしいということはもちろんですけれども、具体的にもう一歩進んで、ビキニ被災の人たちの健康調査を含めて今の生活実態の調査を具体的にすすめることを行政はしてもらいたいなと考えてます。

同じ核被害者でありながら広島・長崎の人しか被爆者手帳はもらえないですね。命の重みに格差をつけていると私は思っているんです。ダブルスタンダードと思っています。これまで厚生労働省の方にも、少なくともビキニの被害者にも医療保障ということを2回要求しています。

そのことを焼津から発信させて、焼津のことをもっと考えてよ、というメッセージを広島・長崎からも訴えれば、全国区の問題になるんじゃないかと思います。そういう動きがあれば立ち上がる人は日本全国にかなりいるはずなんです。

もちろん第五福竜丸の漁労長見崎さんのような当事者の思いを無視してはいけません。しかし、もしそういうことができれば、一歩踏み込んでいただければと思います。
　もう一つは、ぜひビキニ被災者のマンガ本を作ってほしい。実は、先例がありまして、広島の高校生が十数年前に「少年が町に降りた日」というマンガを作ったんです。少年というのはリトルボーイ、原爆の名称です。
　原爆の名前を少年とつけたというのはすごい発想ですね。広島では、かなり売れました。やはりそういうことで、ぜひとも見崎さんの話を聴いていただいて、あなたの力を貸してほしいということで若者に訴えれば、高校生や、この大学にもマンガが好きな子もいるかもしれません。マンガを通して焼津の実態を知らせるという非常に有効なことはないかと思うのです。
　それから先ほど会場から「死の灰を浴びても焼津に帰ってきた。生きる強さに打たれて感動した」というお話がありました。すごい発想ですね。私たちは被害だけでしかとらえなかった。それを逞しさととらえた子どもの発想、私は、この発言を聞いて一つのことを思い出しました。沖縄では基地包囲を何年かにいっぺんやるわけです。その時にマスコミはやっぱり、平和の思想が薄れたんじゃないか、と書いたんです。ところが、ある子どものコメントがすごいんです。「これだって沢山の人が繋いでも基地包囲ができないほど基地は巨大なものだった、ということを知った」と。すごい発想ですね。
　先ほどの「死の灰を浴びてでも焼津に帰ってきた生きる力に打たれた」感動と私は何かつながったような気がします。非常に感動しました。
　鳥取県は水木しげるの出身地でもあります。それから青山剛昌のコナンがあります。そして再来年にはアジアMANGAサミットが開かれます。マンガは周知の上で有効です。ぜひ検討してみてください。
　そういうことを通して焼津の町も市民権を得ると思いますので、よろしくお願いします。

　なお、この講演とシンポジウムの後、NHK静岡支局の協力を得て、ドキュメンタリー映画『廃船』を上映した。この映像については、すでに2008年に焼津市豊田公民館の当時の伊藤俊館長が上映会を開いており、本書「特別章（2）」で触れているので、参照してほしい。

　注
　　1968年3月10日付け『朝日新聞』の「声」欄に会社員の武藤宏一さん（故人、当時26

第8章 地域からの発想・地方からの発信

歳）の次のような投書が掲載された。この小さな文章は、第五福竜丸を保存する運動の口火の役割をはたすことになった。現在、夢の島にある「第五福竜丸展示館」の入り口近くに拡大した全文が掲示されている。

「第五福竜丸。それは私たち日本人にとって忘れることのできない船。決して忘れてはいけないあかし。知らないヒトには、心から告げよう。忘れかけているヒトには、そっと思い起こさせよう。今から14年前の3月1日、太平洋のビキニ環礁、そこで何が起きたのかを。そして沈痛な気持ちで告げよう。いまこのあかしがどこにあるかを。

東京湾にあるゴミ捨て場。人呼んで『夢の島』に、このあかしはある。それは、白一色に塗りつぶされ船名も変えられ、廃船としての運命にたえている。しかも、それは夢の島に隣接した15号埋め立て地にやがて沈められようとしている。だれもがこのあかしを忘れかけている間に。

第五福竜丸。もう一度、私たちはこの船の名を告げ合おう。そして忘れかけている私たちのあかしを取り戻そう。

原爆ドームを守った私たちの力でこの船を守ろう。

今、すぐに私たちは語り合おう。このあかしを保存する方法について。平和を願う私たちの心を一つにするきっかけとして。」

池原正雄さんは、鳥取県倉吉市を拠点に活動している平和・人権活動家で、市民団体「ピースクロス」世話人。元鳥取県職員。被爆アオギリを全国に配る活動も続けている。活動の始まりは、東京での学生時代。第五福竜丸保存のビラ配布に加わったこと。以後、ヒバクシャ問題、オキナワ、憲法9条、ハンセン病、在日朝鮮人やアイヌなどのマイノリティ問題などで積極的に発言を続けている。シンガーソングライターでもある。ミニコミ誌『てんさぐからあなたへ』を25年間にわたり発行し、2009年11月200号を区切りに廃刊し、現在は『近況報告』（2010年11月より）を定期的に発行している。

2年間沖縄に移住し、その生活をまとめた著書『爆音の中の平和学』（2002年、自費出版）、『あまのじゃくのひとりごと　私の平和・人権ネットワーク』（2010年、自費出版）を出版している。

市民活動日誌

　2007年4月以降の活動記録であるが、範囲を拡大し、「ビキニ市民ネット焼津」、「かまぼこ屋根の会」(焼津港100年会議)、焼津市、その他の活動も含めた。

2007年（平成19年）

4月18日　長崎市長　伊藤一長氏死去、弔電を送る。
6月4日　ハワイのホクレア号クルー焼津訪問。アヤナイで見崎吉男氏ら交え対談
　　27日　焼津小泉八雲記念会館　開館。
8月6日　岡本太郎「明日の神話」財団理事長平野氏と面談／現代美術館で「明日の神話」を皆で観る／トロ箱　ありがとうウイーク始まる（トロ箱ライブ、トロ箱シアター、キャンドルナイト、など）
9月　オータムフェスト in やいづ（ファイナル）／同・前夜祭／『焼津流　平和の作り方』刊行
10月6日　ドイツ誌『マーレ』記者が取材に焼津へ、有志が焼津グランドホテルで会見／その後、見崎吉男さん、北原茂治さんらを取材
11月14日　静岡福祉大学学園祭（静福祭）にて「明日の神話」誘致実行委員会発足／「ビキニ市民ネット焼津」記録集刊行記念／シンポジウム「いのち、いま伝えたいこと」

2008年（平成20年）

2月9日　近藤友一郎さん死去、5分の1の第五福竜丸（レプリカ）を残して。
3月1日　3.1ビキニデー
5月4〜6日　9条世界会議（千葉、幕張メッセ）
6月7日　現代的課題としての平和講座（第1回）焼津豊田公民館／『廃船』（NHKアーカイブス）上映
7月5日　豊田公民館（現代的課題としての平和講座　第2回）／映画『第五福竜丸』（1959年）監督：新藤兼人
8月30〜31日　焼津流平和の作り方　トロ箱ライブ、モダンアート展
　　30日　アニメ映画『長崎・アンデラスの鐘』／講演会　スティーブン・ロイド・リーパーさん「ヒロシマとやいづをつなぐもの」／旧港でプロサーファー木下でビットさんの講演会と映画鎌仲ひとみ監督『六ヶ所村ラプソディー』上映
　　31日　「トロ浜箱ライブ」スペシャル／「やいづ八丁櫓」体験乗船会／ピースキャンドルナイト「平和のメッセージ行灯展示」
9月27日　「現代的課題としての平和講座」（第5回）焼津豊田公民館／映画『生きものの記録』（監督：黒澤明、出演：三船敏郎・志村喬）
　　28日　焼津　魚市バッシュ　焼津旧港にて

市民活動日誌

10月8日　メンバーの大塚妙子さん死去
11月1日　焼津市、平和市長会議に加盟。焼津市、大井川町と合併。
　　11日　ゴジラファン集会・焼津（ゴジラ・サミット2008）／基調報告・「ゴジラやいづから世界へ」／シンポジウム「ゴジラの魅力」
12月　　焼津市長選挙で清水泰県議が当選

2009年（平成21年）

1月20日　清水市長へ「焼津平和賞」提唱
2月4日　「ビキニ市民ネット焼津」清水市長と会見、以下の5項目の要求を提示／1．「ビキニ市民ネット焼津」の認知、2．6.30市民集会のあり方、3．平和市長会議への参加、4．「ヒロシマ・ナガサキ議定書」に賛同する都市アピール署名、「焼津平和賞」の創設
3月1〜14日　市民のビキニデー（第1回）港カフェ
　　1日　ビキニデー、トロ箱ライブ
　　2〜14日　「トロ箱ギャラリー　アキノイサム展」（日本画家秋野不矩の息子）海と平和をテーマにしたもの
　　7〜8日　「かつおミニ体験＆お絵かき」／トロ箱シアター「GATE」上映会
　　15日　見崎吉男さん体験トーク＆トロ箱ライブ／ライブ：内田ボブ、ナーガ、小畑幸治、詩の朗読：ジャミング
4月5日　オバマ米大統領、チェコのプラハで「核なき世界」演説／北朝鮮、核実験声明
5月26日　「ビキニ市民ネット焼津」、北朝鮮の核実験に対して抗議文を送付（原水禁を通して）
6月4日　富士山静岡空港開港
　　29日　「村民の声」署名活動を始めた山田富久さんへのインタビュー（島田市「どさんこ」にて）
　　30日　焼津市6.30平和集会（文化センター 大ホール）／第二部ピースライブ、市民平和コンサート（小ホール）
7月24日　静岡県知事選挙で川勝平太氏当選
8月6日　静岡福祉大学キャンパスに被爆2世アオギリを植える。

11日	駿河湾沖時地震（M8.4）
16日	映画『GATE』上映　焼津市文化センター大ホール
30日	総選挙で民主党圧勝、政権交代、民主党鳩山政権へ
9月2日	故大塚祥子さんの展示会（焼津市柳屋本店にて、～9日）
10月16日	清水焼津市長、オバマ米大統領にノーベル平和賞への祝意と訪日の際に「第3の被爆都市」焼津訪問依頼のメーセージを送る。
24日	国文祭（静岡県）始まる
11月16日	第五福竜丸（レプリカ）保存活動開始
12月14日	第五福竜丸保存の署名簿を市長に提出（5,774人、その後6,023人に）

2010年（平成22年）

1月15日	マーシャル諸島共和国（当時はチューレラン・ゼドケア大統領）に「平和メッセージ」を託す（内田ボブさんを通して）。
3月1～14日	市民のビキニデー（第2回）
1日	ビキニデー／マーシャル諸島ロンゲラップ環礁元国会議員アバッカさん、焼津へ／見崎吉男さんと会談、焼津市長表敬訪問
1～14日	マーシャルとつながろう／常設展：島田興生氏の写真展「マーシャルの子どもたち」
4月1日	加藤代表、焼津平和賞選考委員に
5月16日	加藤一夫「やいづ平和学」入門編をKama Voxにて
26日	清水市長、第五福竜丸建造の地、和歌山県串本町訪問
31日	焼津平和賞選考委員会で第1回平和賞受賞決定、第五福竜丸平和協会（第五福竜丸展示館）へ。
6月9日	大井川座談会（大井川公民館にて）
17日	見崎吉男さん、焼津市内黒石小学校にて講演
23日	加藤代表、焼津静清水市長と対談「平和都市焼津をめざして」静岡福祉大学静福サロンにて
30日	6.30市民平和集会、被爆ピアノ演奏／第1回　焼津平和賞授賞式、焼津文化センター大ホールにて／第五福竜丸平和協会（東京）／Kama Voxで広島被爆ピアノの演奏会、広島の矢川光則氏（矢川ピアノ工房）の協力による。
7月5日	鎌仲ひとみ監督『みつばちの羽音と地球の回転』上映、Kama Voxにて
19日	スタッフ・ベンダ・ビリリ開催記念ワークショップ「アフリカのリズムをたたこう!!」焼津市文化センター 3F 第一練習室
31日	ビキニ環礁、世界文化遺産に登録
8月6日	広島原爆の日　焼津市長、初の式典出席「核廃絶への連携」を誓う。
22日	ドキュメンタリー映画『ベンダ・ビリリ！』上映会／焼津市文化センター小ホール
28日	ビキニ環礁、世界遺産記念講演会／竹峰誠一郎「米核実験場とされたマー

シャル諸島を訪ねて」／南海放送テレビドキュメンタリー『わしも死の海におった』上映
9月26日　「スタッフ・ベンダ・ビリリ」公演会／焼津市文化センター大ホール
11月6日　鳥取から池原正夫さんが焼津へ。Kama Vox で歓迎会
　　　7日　静岡福祉大学静福祭、シンポジウム「地域からの発想　地方からの発信」／池原さん講演「唯一の被爆国」観の打破／NHKビデオ『廃船』を上映
　　　17日　焼津市主催　第1回焼津平和賞　記念講演・シンポジウム

2011年（平成23年）

1月18日　加藤代表最終講義、市民を交え「やいづ平和学」特別講義「ビキニ事件を伝える」、見崎元漁労長も参加。
　　　24日　「ビキニ市民ネット焼津」メンバー、秋山博子さん、焼津市会議員選挙で当選
3月1～14日　市民のビキニデー（第3回）
　　　1日　ビキニデー／第五福竜丸展示館の協力で、第五福竜丸事件関連の資料・写真を展示
　　　6日　焼津流平和のつくり方／加藤一夫［やいづ平和学］特別編／「第五福竜丸事件とゴジラ」／ゴジラ展、ゴジラのフィギュアを展示／「まちづくり討論会」Kama Vox「平和都市焼津をつくろう」16人で3時間
　　　11日　東北地方で大地震・津波発生、福島第一原発事故発生
　　　12日　予定していたスタディツアー「第五福竜丸に会いにいこう」延期
　　　13日　予定していたピースライブ延期
　　　31日　加藤一夫代表、静岡福祉大学学長退任
4月7日　焼津市民まちづくり活動事業のプレゼンテーション
　　　10日　静岡県議会議員選挙　大塚さん落選
5月12日　菅政権、「脱原発」方針を表明
　　　14日　政府の要請（5月9日）により浜岡原子力発電所の全号機運転停止
　　　22日　震災で延期されていたスタディーツアー「第五福竜丸に会いにいこう」／見崎吉男さんと。NHK「たっぷり静岡」取材／バス内で「やいづ平和学」特別講義「第五福竜丸保存運動」
6月6日　加藤代表、5年ぶりに大学での市民講座「やいづ平和学」再開、原発事故特集（第1回）
　　　9日　静岡県の茶から放射性セシウム、国の規制値を超える
　　　30日　6.30市民集会　第2回焼津平和賞授賞式／「幡多高校生ゼミナール」（高知）
7月12日　「被爆アオギリ」普及活動の被爆者沼田鈴子さん死去（87歳）
　　　31日　ピースライブとトークセッション、原発討論、大いに盛り上がる。
8月5～6日　焼津市の中学生14名、「平和使節団」として広島へ、広島平和文化センター理事長のスティーブン・リーパー氏を表敬訪問、広島平和記念式典

	に参加。
7日	「くろしおネットはまおか」始動、最初の学習会を焼津公民館で開催、100人以上集まる。
20日	清水焼津市長、マーシャル諸島首都マジェロ訪問、ビキニ環礁自治体のアルソン・ケレン首長と会談、平和友好都市を申し込む。
30日	菅内閣総辞職
9月2日	民主党野田内閣成立
4日	魚市バッシュ開催／「くろしおネットはまおか」オータムフェストに出展、盛況だった。
11日	丸浜江里子さん講演「焼津と杉並、そして今」(Kama Vox)
10月1日	「焼津市主催のまちづくり講座「トロ箱カレッジ」(第3期)始まる。
5日	「やいづ平和学」(Ⅷ)第1回始まる(静岡福祉大学)
13日	「やいづ平和学」特別編　静岡市立井宮北小学校にて／修学旅行で「第五福竜丸展示館」を訪ねる前のレクチャー／「ビキニ(第五福竜丸)事件を知ろう」
11月2日	[やいづ平和学](Ⅷ)最終回／「総括：反核・平和運動の展望」
25日	第3回焼津平和賞　第1回選考委員会／スティーブン・リーパーさんとの交流会(アヤナイ)
27日	Kama Vox 撤去
12月12日	野田政権、福島第一原発冷温停止宣言
23日	第2回焼津平和賞記念　講演会・シンポジウム

2012年（平成24年）

1月14～15日	脱原発世界会議(横浜市)有志参加
2月19日	「焼津流　平和の作り方」市民のビキニデーイベント／昨年8月にマーシャル諸島を訪ねたメンバー（モコ、千穂、内田ボブ、高松（『静岡新聞』記者）報告会、内田ボブライブ
28日	有志マーシャル諸島訪問(～3日)
3月1～14日	市民のビキニデー(第4回)
8日	「くろしおネットはまおか」浜岡原発市民集会(大富公民館)
10日	「焼津流平和の作り方」トークライブ／1.加藤一夫「ゴジラの敗北」／2.米沢慧「核の時代のいのち」
11日	ピースライブ（ホトリカ、焼津フォーク村、小畑幸治ら）／東日本大震災1年　鎮魂のキャンドル＆読経（旧港にて）
17日	ヤポネシアフリーウエイ、内田ボブ・ライブと詩の朗読／25回　静岡県立大学で「岡村明彦の会：25回」大塚、秋山、加藤参加
4月11日	久保山みや子さん（久保山愛吉さんの長女）と会見（静岡福祉大学）
5月5日	北海道泊原発停止、すべての原発停止
26日	「くろしおネットはまおか」浜岡原発市民集会（豊田公民館）

市民活動日誌

　　30日　［やいづ平和学］（Ⅸ）開講「ビキニ事件の再検証：3.11を経験して」
6月1日　第3回　焼津平和賞決定　第3回受賞者「ビキニ水爆被災静岡県調査研究会」
　　9日　「くろしおネットはまおか」浜岡原発市民集会（大井川公民館）
　　10日　まちおこし発表会（市役所にて）
　　27日　［やいづ平和学］（Ⅸ）最終回「核と人類は共存できるか？」
　　30日　6.30市民集会、第3回焼津平和賞授賞式／ビキニ水爆被災静岡県調査研究会（静岡）

2012.6.30

あとがき

　まちづくりの中でビキニ市民ネット焼津の活動に参加し、ビキニ事件に関わりはじめ、まもなく10年です。最初は、この事件を、今までとは違う形で伝えることができるのではないかと、一種、実験のように感じていた自分がいました。私なら、こういう方法で、伝えたい。コミュニケーションの実験です。しかし、そんな手法云々で手に負えるようなものではなく、いま、私は、この事件が、途方もないチカラを持っていることを思い知らされています。まるで神経細胞のシナプスが次々に反応して連携し、いっそう深い真実へとつながっていくような感覚。事件から60年になろうというのに、このパワーはいったいどういうことなんでしょう。

　前作の活動記録『焼津流　平和の作り方』（2007／社会評論社）発行から、今日まで、"歴史的瞬間"と名付けたい、いくつかの出来事がありました。2010年の市民のビキニデーに、マーシャルからやってきたアバッカさんと見崎吉男さんが、私たちの活動拠点であったKama Voxで会談したことも、その一つ。アバッカさんは「これは人権の問題です」とおっしゃった。この短い言葉が、いま思い出しても身震いするほど強烈に私の心にストンと落ちました。そうだったのだ。だから、これほどのチカラを持っているのだし、伝える意義が褪せることなど決してないのだ、と思うのです。

　他にも、活動の中のエピソードは数えきれません。トークライブを開催したとき、事件当時、大きな打撃を受けた水産業界にいた男性が、半世紀たってようやく"この事件"について見崎吉男さんと話が出来た、と言ってくれたこと。みんなで見崎吉男さんと一緒にマーシャルに行こうと、飛行機チャーターのプランを練ったこともありました。大崩海岸にあるカフェ・ダダリで見崎吉男さんのインタビューを記録し続けた仲間もいます。見崎吉男さんは、一面のガラス窓から海しか見えないカフェ・ダダリが好きなのだとも聞きました。

　一方、この５年のうちに、2004年のモダンアート展スタートから一緒に活動し、生き物の絵画を出展してくれていた大塚抄子さんと、「海風に吹かれながら、やっぱ、平和ってえーなーって、焼津弁で思った」とモダンアート展の来場者ノートに書き残し、焼津市文化センターで見崎吉男さんの『千の波　万の波』を朗読するなど、活動を応援してくれていた秋山綾野さんの、２人の仲間が亡くなり、見崎吉男さんの話を聞きながらグイグイと第五福竜

あとがき

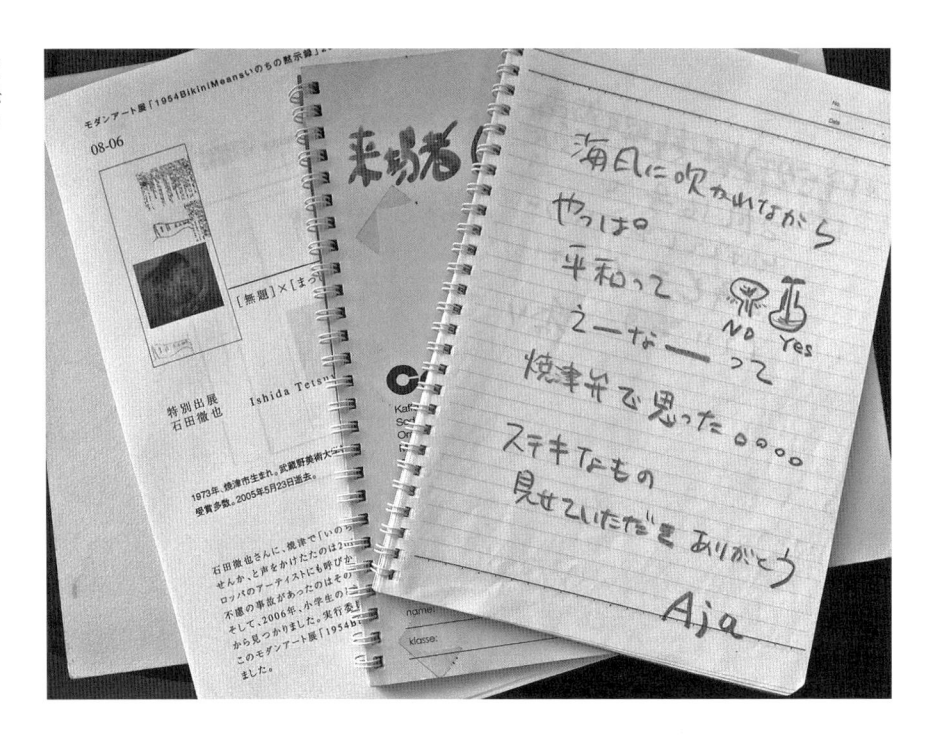

丸を描いた、画家のアキノイサムさんも亡くなりました。
　被曝した第五福竜丸が帰ってきた焼津の港は、かまぼこ屋根が解体され、まるはだかの更地になりました。秋山綾野さんが書いてくれたように、海風に吹かれながら思索する「日本一の平和の港」、平和を語り継ぐ海辺の公園に再生出来ないでしょうか。
　その場所に立ったとき、ここは、1954年3月1日に、第五福竜丸という漁船が操業先のマーシャル諸島で水爆実験に遭遇し、3月14日に帰ってきた港なのだと。それは一体全体、どういうことなんだろうかと、想像力を精一杯働かせてほしいと思うのです。

　1950年代、東西の冷戦構造を背景に、核兵器の実験が両陣営で行なわれ、日米のチカラ関係の中で原子力の平和利用が叫ばれ、日本が原子力発電をいよいよ導入しようという、その渦中に、第五福竜丸事件がありました。
　3.11以降、原発や放射能に関する数多くの書籍が出されています。その一冊、『原発と権力』（山岡淳一郎／ちくま新書）によると、日本では、事件の翌日3月2日、突如として、総額50億円にのぼる原子力予算が衆議院予算委員会に提出され、翌4日に可決。その頃、第五福竜丸は焼津港を目指して太

平洋を（ひそかに）航行中でした。もし、第五福竜丸の被曝報道の後であれば、成立の見込みはなかっただろうと書いています。意図されたかのような際どいタイミングで、日本は原子力利用の筋道をつけていたのでした。また、同書は、核兵器に転用できるプルトニウムをごくわずかしか生まない「トリウム原子力（溶融塩炉）」の可能性を、米国も日本も、なぜか無視し続けてきたことも指摘しています。

　事件当時、魚市場職員だったある男性は、第五福竜丸の甲板に積もった白い粉、いわゆる死の灰を舐め、その数年後、夜中に突然、鼻血が吹き出して、病気と闘うことになります。彼は、福島原発事故以後に起きていることは、あの時、焼津で起きたことと同じだ、と言います。当時、旅行先で焼津から来たと言うと、ヨソへ泊まってくれ、と宿泊を断られたとも聞いています。

　ビキニ市民ネット焼津はこれからどう動いていきましょうか。代表であり、国際政治を専門にする加藤一夫先生が、焼津に拠点を置き、この事件が持つ特異性、時代性を、示唆し続けてくれていることに感謝します。事件を矮小化したり、イデオロギーの道具におとしめてしまうという過ちから、解き放ってくれました。おかげで、活動の幹は少しずつたくましく、風通しよく、育っていると感じています。

　焼津市では、2010年から焼津平和賞が創設され、マーシャル諸島ビキニ環礁自治体に、焼津市長・焼津市議会議長や、仲間たちが訪ねています。市役所には2011年12月から危機管理課に原子力災害対策担当が新たに置かれました。平和賞への焼津市民の認知度がまだ低いのは残念ですが、特定の政党や団体にかたよって市民からかけ離れたものにすることだけは避けなければ。選考委員や選考の透明度を高めて情報発信をすすめ、次の世代の人たちにつながるよう大事に育てていきたいものです。また、平和教育・人権教育の現場にも、ビキニ事件を積極的に取り入れていくべきでしょう。

　本書は多くの協力者のもとで完成したものです。「ビキニ市民ネット焼津」「かまぼこ屋根の会」「ヤポネシア・フリーウェイ」の仲間たちをはじめ、大勢の人たちが事件と出合った心の軌跡を率直な言葉で記し、写真の多くも撮影しています。また、静岡福祉大学付属図書館の新藤令子さんには文献検索や情報提供にご協力いただき、深沢英雄さんには写真・DVDの編集・整理をお手伝いいただきました。お礼申し上げます。

　あとがきを私が書いていいのだろうか、という気持ちが、迷いにつながっ

あとがき

て、おおげさに言えば、何ヶ月も、うなり続けました。前年（2011年）の選挙で焼津の市議会議員になったことから、らしく書かねばという見栄も働きました。しかし、そんなことはどうでもよいこと。本書に寄せられた数々のテキストを読んでいただければ十分。それほど、中身の濃い心のこもった、伝えるべき資料になりました。関連し、2003年にビキニ市民ネット焼津の活動を立ち上げてくださった、故塚本三男先生の『旧ソ連の環境破壊——核放射線被災の実態』（静岡新聞社発行）も、3.11を経た今、いっそう貴重な記録として、皆様にご一読いただければ幸いです。

　最後に、前書同様、かなりややこしい本書を刊行してくださった社会評論社の松田健二代表とスタッフの皆様に感謝いたします。

2012年10月 秋　　秋山博子

加藤一夫(かとう かずお)
北海道(共和町)生まれ、1992年より焼津市在住。静岡福祉大学名誉教授(元学長)。60年代末から首都圏でさまざまな社会運動に参加。「ビキニ市民ネット焼津」代表幹事、「くろしおネットはまおか」顧問。焼津平和賞選考委員。

秋山博子(あきやま ひろこ)
焼津市生まれ、市内在住。広告企画制作「焼津印研究所」主宰。90年代から静岡市の街づくり活動に参加。その後、焼津を拠点に「ビキニ市民ネット焼津」、「焼津おでん探検隊」、「かまぼこ屋根の会」などに所属し地域活動に取り組む。2011年より焼津市議会議員。

ヒロシマ・ナガサキ・ビキニをつなぐ
焼津流 平和の作り方 Ⅱ

2012年11月1日　初版第1刷発行

編　著——ビキニ市民ネット焼津・かまぼこ屋根の会
監　修——加藤一夫・秋山博子
装　幀——中野多恵子
発行人——松田健二
発行所——株式会社 社会評論社
　　　　　東京都文京区本郷2-3-10
　　　　　電話：03-3814-3861　Fax：03-3818-2808
　　　　　http://www.shahyo.com

組　版——ACT・AIN
印刷・製本——倉敷印刷

Printed in Japan

焼津流平和の作り方　「ビキニ事件50年」をこえて
ビキニ市民ネット焼津【編著】　加藤一夫・秋山博子【監修】
A5判 276頁／2730円

原子爆弾は語り続ける　ヒロシマ六〇年
織井青吾【著】　　　　　　　四六判 284頁／2415円

みちのく銃後の残響　無告の戦禍を記録する
野添憲治【著】　　　　　　　四六判 280頁／2100円

ルポ 悼みの列島　あの日、日本のどこかで
室田元美【著】　　　　　　　四六判 286頁／2100円

軍艦島に耳を澄ませば
端島に強制連行された朝鮮人・中国人の記録
長崎在日朝鮮人の人権を守る会【編著】
四六判 280頁／2310円

他者の特攻　朝鮮人特攻兵の記憶・言説・実像
山口隆【著】　　　　　　　　四六判 424頁／2835円

「君が代」にココロはわたさない
北九州ココロ裁判原告団【編】　四六判 414頁／2730円

自衛隊員の人権は、いま
浜松基地自衛官人権裁判を支える会【編】
A5判 238頁／1890円

潜在的核保有と戦後国家　フクシマ地点からの総括
武藤一羊【著】　　　　　　　四六判 246頁／1890円